「知らなかった」じゃすまされない

ハラスメントを予防・解決する

保育の職場づくり

関山浩司 著

中央法規

ハラスメントの正体を学び、人間関係を劇的に変える

楽しくて、難しい保育の仕事

　保育者の資質や保育の可能性に終わりはありませんが、子どもと一緒に成長したり夢中になっていた素敵な保育者たちが、やむなくまたは何となく離職をするなど、保育現場から離れたり苦しそうにしていたりします。保育者であることに喜びを感じたり、保育そのものを楽しめなくなってしまう保育者が多いです。その理由は何でしょうか。

　それはずばり、人間関係です。保育という仕事は、人間関係で成り立っています。1日の流れも、人間関係に始まり人間関係に終わります。それが、人を介して人への支援が必要となる対人援助職といわれるゆえんであり、そのために自分や相手と向き合うための「対話」や「かかわり」が鍵となります。また、いわゆる合理的な理屈よりも、相手の気持ちに配慮し、自分の気持ちもたくさん使う感情労働職といわれるゆえんであり、そのために心よくつながり合うためのうれしさやありがたさなどの「快の感情」が鍵となります。

　だからこそ楽しいのですが、同時に難しくもあります。

　なぜならば、同じ園の一つ屋根の下、子どもや保護者、職員、園長はみな同じ人間でありながら、多様な価値観や感情、思考をもった「別人格」だからです。「常識」「固定観念」「経験」に負けずに、それらを踏まえて多様性を本当に理解すると、保育はずっと楽に楽しくなります。「法律」

「制度」といった社会的な規範が園の風土に掛け合わされるので、それら基準や指針をもとに、社会からの風を取り入れて、職場の風通しをよくする機会にしていきましょう。そうすると、人間性の深さや社会性の広さが感じとりやすくなり、保育者としての自信や夢をもてるようになっていきます。よくわからないままだと、つらくなってくる仕組みがあります。

　その「カラクリ」を理解し、園内での専門職や人間同士のかかわりを今より少しだけ気持ちのよいものにし、保育や保育者のすばらしさにあらためて気づき、保育や保育者の可能性を拓く一助となることが本書のねらいです。

　これまでの保育者や社会人としての経験で得た知識や技術、価値観から一度離れ、新たに学び直すことを「アンラーニング」といいます。学んだことで当たり前に思えるようになったことでも、何度も何度も繰り返して学ぶことで本当に当たり前の状態にすることを「エンラーニング」といいます。このアンラーニングとエンラーニングを交互に取り入れることで、ハラスメントがハラスメントを呼び込む負のスパイラルが止まり、園内の人間関係や雰囲気は劇的に変わり始めます。

　ハラスメントの正体を学ぶと、指導がとても楽しくなります。子どもや保護者への支援も、成長や変化を実感しやすくなります。

　さあ一緒に、楽しくハラスメントを学んでいきましょう。

CONTENTS

第 **1** 章

保育現場の
ハラスメント

ハラスメントに関する 興味・関心・理解

園におけるハラスメントの重大性

　ハラスメント（Harassment）の「harass」は、「ひどくまたはしつこく悩ます、困らせる」という意味の動詞です。「ment」は、「状態、結果、産物」または「そのようになる動作、手段」などを表す接尾辞です。今、このハラスメントが大きな問題になっています。全国の都道府県労働局への相談件数は、「いじめ、嫌がらせ」が第1位を更新し続け、保育者の離職理由も、「人間関係」の多さが顕著な傾向となっています。[*1] 採用においても同様で、新卒・既卒を問わず、職場の「雰囲気」「人間関係」が最大の関心事になっているのです。

　今後もハラスメントは大きな問題になり続けるでしょう。「私はこうだった。だからあなたも」といった「ジャスト・ライク・ミー・シンドローム」[*2]では、子どもも大人も育ちません。私たちが変化に敏感になり続け、違いに寛容になり続け、多様性を適切に受け止めて応答し続けることができない限り、その「誤差」がハラスメントとなって相手に届き、自分に返ってきます。つまり職場の人間関係は、何もしないまま「いつもどおり」だけでは成り立たなくなっているのです。

　園では、園長や主任が中心となって、保育者同士がそのような環境にならないように、最優先の課題として継続的に取り組んでいくことが望まれます。なぜならば、園の中心に、あるいは目の前に、最善の利益を保

---

*1　厚生労働省『平成30年度個別労働紛争解決制度の施行状況』
*2　私ができたんだから私のようにできるはず、私もやってきたんだから私のようにやりなさい症候群。

障するための子どもたちがいるからです。嫌な感じは空気感染します。おかしな感じは、感度を鈍らせてしまった大人のセンサーよりも、子どものセンサーに敏感に反応します。ハラスメントは、より弱いもの、より繊細なもの、よりデリケートなものへと伝染する性質をもっているのです。

多様性を認め合うのは、とても難しい

「人それぞれ個性がある」とは、保育者であれば日常的に使う言葉でしょう。育ちを支援するために、「その子らしさ」「その人らしさ」などを大切にしているのが保育者です。子どもには一人ひとり育ちの過程があることがわかっているし、その違いが持ち味や可能性になることを感じられる高い感性(心理的多様性)をもち合わせているからです。

生き方も価値観も十人十色、百人百彩です。「みんな違ってみんないい」「みんな違うから面白い」ということは、頭ではわかっているし心でも感じているのです。そのための支援も、保育者一人ひとりが工夫しています。

ところが実際には、多様性を認め合うのは、とても難しいことです。特に保育現場は、一人ひとり、1日として同じ1日はなく、瞬間瞬間の変化がかけ合わさっていて、非常に高度な専門性を要します。多様性のある同僚や保護者との関係を前提にし、多様性のある子どもの心を育てるのが仕事だからです。保育者自身が個々で素養を備えていることも多いですが、心理的多様性もさまざまな変化の揺れ動きをとらえて磨かなければ、固定的画一性に陥ってしまいます。勤務時間や職員数、個人の気力や体力などには制約があるので、園としてもより高い意識が必要となります。

本当は自分のこともよくわからない

　相手をあるがまま受けとめ合える関係を「OK牧場」といいますが、「OK-OKの関係」になるためにはトレーニングを重ねる必要があります。仮に1億人いたら、人の単位だけでも1億の違いがあり、感じ方、考え方、動き方、得意不得意、好き嫌い、出来不出来などは小さくあるいは大きく変化するため、覚えられるわけでもありません。その結果、「誤差」に気づかずに「誤解」が生じます。同じ人なのに違うし、本当はよく知らないしわからないです。

　それはとても面倒で不安になることです。そのため人は、安定化志向（スタビライジング）を無意識に働かせ、気づかないうちに自然と固定観念（ステレオタイプ）がゆるやかに生まれます。そしてわかった「つもり」、わかってもらえている「つもり」になってしまうのです。「私はたぶん～のつもりでいます」「あなたはきっと～のつもりでしょう」といった「つもり」（ウィル）は、期待したり、思いやったり、想像したり、計画を立てたりする上で、効果的な面も多いです。問題は、ウィルにとらわれてしまうことです（図表1-1）。

● 図表1-1　OK牧場

ハラスメントが生まれるプロセス

園で対話が少なくなり「小さなつもり」（マイクロウィル）が積もると、いつの間にか、ありのままの姿が見えづらくなり、独りよがりの思い込み（セルフィッシュ・ビリーフ）となります（図表1-2）。

思い込みによる不安定な戸惑いや揺らぎは、ハラスメントという言動となって表面化します。一粒の砂塵で機械が誤作動を起こすことがあるように、一つの小さなつもりが人間の誤解を招くのです。その言動を放置・放任すると、行為者の習慣となり、職場の風土となってしまうため、早期の予防や対策、そのための継続的なトレーニングが必要です。

昨日と今日は異なる日であるように、昨日と今日では異なる人です。「同じだね」「一緒だね」と思うことはありますが、ごく一部・ごく一瞬の共通項があったということで、クローンのような人は一人としていません。当たり前のことなど何もなく、あるのは毎日や人間関係のつながりです。

そのつながりをハラスメントという負の連鎖にするのか、フレッシュな正の連鎖とするのかの選択は、意思決定から始まります。最初は大きく感じる勇気と小さな積み重ねを、どのように継続させるかにかかっています。

● 図表1-2
対話のない「小さなつもり」

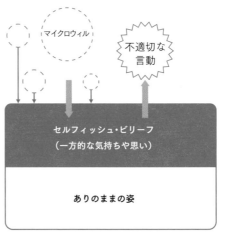

② ハラスメントを生みやすい 保育現場

ハラスメントの兆候

　保育現場でのハラスメントは、知らずに進行していることも多いです。職員が全員顔をそろえて話をする機会は限られ、日々の保育現場では、個々の保育者の判断や裁量に委ねざるを得ない面もあるためです。保育自体が密閉された空間で密集・密着して行われるので、逃げ場も少なく、風通しも悪いです。保育者のみならず、事務職員や調理員であっても同じです。事務室は、園長や主任などと仕事場を共有し、接し続けることも多いです。そのため、思いもよらないときにこじれて表面化することがあります。

　わかりやすい例としては、「辞めたいです」「辞めます」と職員から突然「報告」されることです。明確な理由がわからずに辞めていく職員を見送ったこともあるのではないでしょうか。

　あるいは「体調不良」で遅刻や休みが出るなどです。「職場に合わない」「保育者に向いていないかもしれない」などとこぼすこともあります。表情が乏しくなったり、落ち着きがなくなったり、ミスが増えたりなどという職員もいるかと思います。このとき、ハラスメントが発生していないか、発生しようとしていないか、気を配っていきましょう。

　相手がよくても、自分が我慢ばかりしていれば、メンタルヘルスにも影響してしまいます。自分も相手も不快で嫌な状態であればコンプライアンスにも影響するため、いつも以上に事故やケガ、不正にも注意する必要があります。

このように自分が我慢をしていたり、相手に我慢をさせたりなどする状態が続くと、お互いにできないことや足りないところを探し、指摘・否定し合う「不毛地帯」という職場となってしまいます。職場は、一人ひとりの持ち味を組織の中で上手に発揮・機能させることで働く「ＯＫ牧場」であるときが一番働きやすく、やりがいや喜びを感じ、感謝もされやすくなります（図表1-3）。

● 図表1-3　わたしとあなたの関係とハラスメント

		相手	
		OK	NG
私	OK	OK牧場 （OK-OKの関係）	△ハラスメント
	NG	△メンタルヘルス	×不毛地帯 コンプライアンスdown↓

出典：フランクリン・アーンストの『OK牧場』を元に筆者作成

　また、ハラスメントは個々の成育歴や価値観の違いなどといった「差異」により生まれますが、保育現場ではその差異に厳しい目が向けられやすい環境になりがちです。

　それは、「同質性」が働くからです。同質であればあるほどハラスメントは起こりにくくなると考えがちですが、実際はそうではありません。「かわいさあまって憎さ百倍」という言葉があるように、関係が近いぶん、相手に対して抱く感情も極端になってしまう「近親憎悪」が生まれやすいです。さらに、相手が自分に近い性質（女性、先生、保育者など）をもつぶん、気に入らない言動に対しては過剰なほどの嫌悪感を抱く「同属嫌悪」も発生します。血縁者や家族関係者、出身校や出身地が同じなど、同じ系

統への強い期待などから失望感を抱く「同族嫌悪」も加わります。つまり「知ってて当たり前」「わかってくれて当たり前」「できて当たり前」と感じやすいということです。自分のことは自分がよくわかっていると思いがちですが、身近な人ほど盲点となり、わからなくなりがちです（図表1-4）。

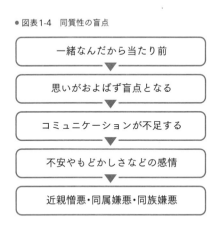

● 図表1-4　同質性の盲点

一緒なんだから当たり前
▼
思いがおよばず盲点となる
▼
コミュニケーションが不足する
▼
不安やもどかしさなどの感情
▼
近親憎悪・同属嫌悪・同族嫌悪

物理的に距離を置くことの難しさ

　ハラスメントが発生したとき、行為者と対象者を配置転換して半ば強制的に遠ざけることもあると思いますが、当事者がお互いに「今はそれがよいことだ」などと思えた「ＯＫ牧場」の状態ではないです。こじれてから単に配置転換しても、余計こじれることになります。配置転換といっても、一法人一園では「一つ屋根の下」であることも多く、物理的に距離を置くことが難しいです。法人内の他園への異動にしても、人間関係を築き上げ、家庭のように慣れ親しんだ園を離れることとなります。

　そのため、一般的な会社員の異動の感覚とは異なり、心理的に大きな抵抗を感じることが多いです。「こじれ」によって「二度と保育はやりたくない」「しばらく働きたくない」となるのは、本人にとっても社会にとっても残念で無念なことです。

人権擁護と人格擁護

　法律で定義されたハラスメントではなくとも、園にはハラスメントや不適切な言動があふれています。それだけ、言語・非言語の表現に高い専門性と職業意識が求められる仕事ということです。

　保育者は、普段から職業意識として人権擁護は強く意識しているところですが、人格の擁護はどうでしょうか。ひとえにハラスメントといっても「4つの境界線」があることを知っておきましょう（図表1-5）。

　まずは、人格や存在そのものがハラスメントになることはありません。人格や存在自体は未熟で多様であり、生涯発達する過程の中で、常に尊重されるものです。法律は、社会で何が害を与える言動かを知らされていないことで、結果として違反になり、裁判などで裁定されることもあります。

　ルールは、社内で定めがなかったり知らなかったりすることで秩序や風紀を乱してしまえば、規律違反として懲戒の対象ともなります。マナーは、お互いの考え方・感じ方が一方的なものとなり、保育者や社会人としての規範に反することがあれば、人間関係を損ねてしまいます。

● 図表1-5　ハラスメントの4つの境界線

【人格】尊重する
理由：多様でそもそもつかめない、生涯発達する（変容・成熟）
【法律違反】知らせる
理由：知らない、損害が生じる（本人、法人、子どもなど）
【ルール違反】定める
理由：定めがない（就業規則、ハラスメント規程）、
周知されていない（全職員）
【マナー違反】確認する
理由：確認していない（倫理綱領、重要事項説明書）、
人間関係にかかわる（保護者含む）

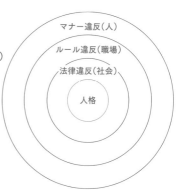

「かかわり足らず」「指導足らず」に注意

ハラスメントを考えるとき、緊急性が高いのは法律違反ですが、「かかわり足らず」「指導足らず」にならないように気を配っていきましょう。気疲れもあると思いますが、受け止められる範囲であれば割り切りましょう。一生懸命だったり思い詰めているときは、視野が一点に凝固しやすいものです。リラックスやリフレッシュの大切さを忘れないように気をつけましょう。かかわりや指導が循環し日常になれば、楽になります。

また、職場は各自が持ち味を機能させて働く場所なので、職場としてのルールが必要です。暗黙裡に浸透していることもありますが、言葉にしてはっきりしていないと曖昧になりやすい傾向があります。

働く上でルール違反とならないよう、就業規則には服務規律などが記載されています。法改正のように「改正」することは少ないと思いますが、職場の事例や社会の実情などに合わせて常に見直して周知していきましょう。

職場のルールブックである就業規則には、ハラスメント防止規定だけでなく、信用失墜となる行為や職場の秩序維持を乱す行為が規定されています。ハラスメントの法律でいえば、すぐに違反とならないまでも、職場では安易に見逃すことはできないというものです。

例えば、「暴言」や「無視」です。これらは人権や人格にかかわることで、相手の成長を阻害してしまいます。無視は「愛情の反対は無関心」といわれるほどダメージが大きいものです。無視をされて気持ちのよい保育者はいないでしょう。なぜダメージが大きいかというと、無視されている間、本人は自分を責めたり相手を責めたりと、不快な感情を抱え込まなければならなくなるからです。そしてその間、一人で思い続けることで、膨らんでしまいやすいです。

「キャリア・キラー」の弊害

　完全な無視ではなく、「半無視」といわれる言動も、職場では不適切な言動となります。例えば、目を見ない、大きな音を出す、話を遮る、気のないあいさつなどです。これらは「キャリア・キラー」といって、「がんばれない」「役に立てない」と成長しようとする意欲を損ねたり、「続けられない」と進路を止めて成長にキズをつけてしまいかねない言動です。そうした心ない言動が根本にあって、本当の理由を話さずに辞める保育者が多いです。

　職場での人間関係がトラウマとなって、保育は二度とやりたくないという潜在保育者は、離職者の半数に迫っています。せっかく主任や園長になっても、職場の保育者から心ない暴言を言われ続け、メンタル疾患に陥り、離職を余儀なくされた役職者も多いです。

　「キャリア・キラー」は、自分自身のキャリアも終わらせてしまいかねないものです。例えば、子どもを見守るというより振り回されてばかりいる職員に対して、主任がやきもきして「私の頃より給料高いでしょ。この給料泥棒」と言った事例です。すぐに適切に予防できればよかったのですが、おさまりがつかなくなり、「やる気がない」「向いていない」「辞めればいいのに」という暴言もありました。主任の立場で悪気もなく言い続けてしまったことで、本人や職場への影響は大きく、他の職員から訴えが上がりました。本人の保護者からの訴えもありました。

　主任は「それくらいみんな思っている。代わりに私が言っている」と引き返すことができませんでした。最終的には、改善する間もなく秩序義務違反行為として主任が懲戒処分となってしまいました。

　経験も信頼も積み重ねてきた結果、このようなかたちでキャリアを突然終えてしまうのは残念です。法律に抵触するなどして裁判などを待つまでもなく、離職に追い込まれたり、追い込んでしまう言動があるということを認識しておきましょう。

③ 保育者に求められること

┃ 継続的なコミュニケーションの工夫 ◉園長

　園長は、園で働く職員が働く目的に集中し、そのすばらしさや喜び、楽しさ、奥深さを探究し、表現しやすいように、園の保育理念や保育方針など、園長のかざらない言葉で受け止めやすいように繰り返し伝えていくことです。職場でハラスメントを予防するには、ハラスメントそのものを知り、園長自身が不適切な言動をしないようにするのと同時に、園の理念や方針を体現するための仕事の一環ととらえて適切な言動をしっかりすることが大切です。

　例えば、挨拶や報告・連絡・相談、言葉かけ、笑顔といった数秒でもできて「当たり前」と思うことが自然にできているか確認しましょう。「当たり前」のことを園長がしていないと、期待とのギャップになりやすく、影響も大きいです。逆説的ですが、本来、保育現場は忙しく余裕がないため、職員に対してハラスメントをする暇などないはずです。

　同じように、コミュニケーションをする暇がないと、ハラスメントを誘発してしまうので注意しましょう。「かかわり足らず」「指導足らず」などとなり、距離感も温度感もわからず、現場でよい連携がとれずに保育がまわらなくなります。不快な職場にさせるハラスメントを継続的に予防し、気持ちのよい職場にするコミュニケーションを工夫して実施することが大切です。

職員を勇気づける会話 ◉園長

　園長や主任に求められるのは、園の理念や方針など園の目的となるものをあらためて自らの言葉で咀嚼し、会議や行事の前後などちょっとしたときに、折に触れて職員と話すことです。一度や二度ではなく、その言葉や表情が園の雰囲気をつくると思い、何度も継続的に話しましょう。そのためには、職員に対してどういう言動を奨励していて、どういう言動に注意を払っているのか、職員の勇気づけとなるように話しましょう。そのうえで、反応を引き出しフィードバックします。

　一方的に話すだけではやらされ感が出てしまい、仕事だから仕方ないと、相手に割り切られてしまいます。あせるような気持ちは職員の前で見せず、ひたすらじっくりと安定した気分で見守りましょう。

　保育の質は対話が鍵といわれるほどに、人と人との「関係の質」が結果に大きく寄与します。結果には、何らかのつながりや影響があるものです。園長の「そこはいいね」「ここはいいね」といった「関係の質」から始まり、職員の「できるかも」といった前向きでポジティブな「思考の質」が生まれます。

　ポジティブな思考のエネルギーが生成されれば、職員が自ら「やってみたい」といった「行動の質」につながります。仮に園長が意図していなかった期待はずれの結果だったとしても、職場ではお互いにOKと受け止めやすいものです。遠回りに感じることもあると思いますが、日常の職場環境では、人間関係が無理なくスムーズに流れるようにすることで、考え方や動き方に影響が出る「グッドサイクル」となります（図表1-6）。

　実際にハラスメントが発生したなど、緊急かつ重大時は別ですが、「結果の質」「育ちの質」から入りたいのをぐっと堪えて、「関係の質」「思考の質」「行動の質」の間を行きつ戻りつしながら、その結果としての育ちの質を受けとめ、関係の質を補修し続けることで、信頼関係に変えていきましょう。

● 図表1-6　平時の職場のグッドサイクル

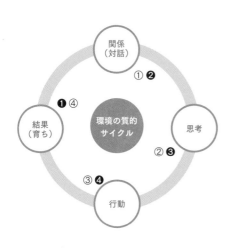

■グッドサイクル
① 存在を尊重し、対話をして、一緒にかかわる（関係の質）
② 前向きな気づきを得て、当事者だと思う（思考の質）
③ 自発的・主体的・能動的な行動が出てくる（行動の質）
④ とても小さな育ちを感じとれる（結果の質）
① うれしい対話で信頼関係が徐々に生まれる（関係の質）
② もっと良いアイデアが生まれる（思考の質）
③ 見えないチャレンジが生まれる（行動の質）

■逆転サイクル
❶ 育ちが待てない、先が不安になる（結果の質）
❷ 対立、押し付け、指示命令をする（関係の質）
❸ 面白くなくて、受け身で聞くだけ（思考の質）
❹ 否定的・一方的な言動になる（行動の質）
❶ 育ちが続かない・属人的になる（結果の質）
❷ 関係が悪化する・派閥ができる（関係の質）
❸ 後ろ向きになる・やめたいと思う（思考の質）

出典：Daniel Kim.1997. WHAT IS YOUR ORGANIZATIONS CORE THEORY OF SUCCESS? :
　　　THE SYSTEMS THINKER 8(3).April.を参考に筆者作成

現場で言語・非言語でのストロークを送る ◉園長

　一息つけるときに「遊びにいく感覚」で保育室や調理室に出向き、職員にアイコンタクトや笑顔、手を振るなどの非言語のストローク（存在を認める働きかけ）を送りましょう。子どもには「～くん、こんにちは」など、応答的に言語・非言語でのストロークを送ると、職場が元気になります。普段は職員室でしか話すことの少ない園長や主任が動くと、保育現場は風通しがよくなります（図表1-7）。

　園にいるときも管理・事務業務などで忙しく、「変に思われるんじゃないか」と苦手意識がある場合もあるかもしれません。共有スペースなどの掃除や安全点検のついでででもいいでしょう。かける労力に対して効果が現われる「労力対効果」が高いので、継続的にかかわることをおすすめします。

●図表1-7　園長による雰囲気づくりのプロセス

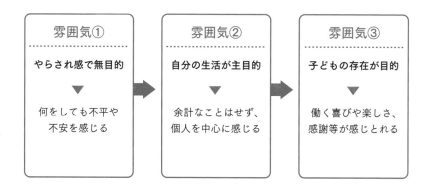

雰囲気①	雰囲気②	雰囲気③
やらされ感で無目的	自分の生活が主目的	子どもの存在が目的
▼	▼	▼
何をしても不平や不安を感じる	余計なことはせず、個人を中心に感じる	働く喜びや楽しさ、感謝等が感じとれる

職場の潤滑油になる ◉リーダー

　リーダーに求められるのは、よき理解者となって職場のいろんな声を受け止め、咀嚼して現場につなげたり園長や主任と意見交換するなど、潤滑油となることです。園長から、または職場の保育者からは、直接言いづらいこともあります。リーダーが不在の状態で、管理職と現場が何でも直接相談し合うと、どこかで齟齬が生じたり負荷が大きくかかることがあります。一人にかかる負担を軽減したり、停止状態を防ぐなど、コミュニケーションを振り分けることで、負荷を分散する装置の役割（ロードバランサー）を機能させていくと、結果としてスムーズなかかわり合いができていきます。

　リーダーの仕事は、一人よりも複数でコミュニケーションの負荷を分散することで、必要な意思疎通や情報が留まることなく流れるようにします。循環的に職場の温度差を調整しながら人間関係をつないでいき、リーダーとしての役割を果たせるようにしましょう（分散型循環的コミュニケーション）。

ロードバランサーによるコミュニケーション ◉リーダー

　リーダーはみつばちのようにコミュニケーションの潤滑油となるので、保育者の良い点は、たとえ当たり前だとしても積極的に本人に伝えましょう。子どもの育ちや保護者の様子を、リーダーの言葉で保育者に伝えることも効果的です。「うれしい」という感情をのせて伝えられると、効率的かつ効果的に伝わります。また、うれしいことは園長や主任などから直接言われるよりも、リーダーを通して「園長が『がんばっているな』と言っていたよ」などと三人称で間接的に言われると受け止めやすく、うれしい気持ちになりやすいことがあります。伝えたり伝えられたりするリーダーも、自然とうれしい気持ちを発して受け取ることになるため、うれしいという感情が増進したり共鳴したりして広がります。

　反対に、気づいたことや困ることは、リーダーの言葉として「私は〜」といった「アイメッセージ」を活用して、一方的な要求や第三者的な批評ではなく、自分の言葉で相談や提案となるようにしましょう。リーダーは対話をスムーズにしたり目詰まりをフォローすることが期待されますが、園では中間管理職のように感じる必要はありません。指導や指示を出すというよりも、現場で一緒に働く身近な当事者としてフィードバックをかけることで、保育者が自ら考えたり動くことができるようになり、結果としてよい指導や指示になり、組織を活性化させていきます（図表1-8）。

● 図表1-8　ロードバランサーによるコミュニケーション

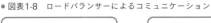
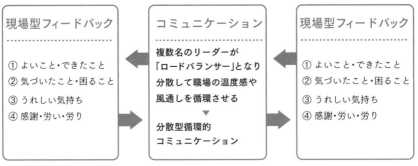

現場型フィードバック

① よいこと・できたこと
② 気づいたこと・困ること
③ うれしい気持ち
④ 感謝・労い・労り

コミュニケーション

複数名のリーダーが「ロードバランサー」となり分散して職場の温度感や風通しを循環させる
▼
分散型循環的コミュニケーション

現場型フィードバック

① よいこと・できたこと
② 気づいたこと・困ること
③ うれしい気持ち
④ 感謝・労い・労り

オブジェクト指向コミュニケーションを心がける ◉保育者

　保育者に求められるのは、子どもの声なき声の代弁者となることです。「子どもを主体とした保育」は、子どもに一番近く最前線にいる保育者が最初の一歩となり、最後の砦として実施しましょう。端的にいえば、普段どおり目の前の子どもの一番の理解者であってほしいということです。家庭では保護者が笑っていれば子どもはそれだけで笑うのと同じように、保育者が笑っていることで子どもたちが笑顔になれるようにしましょう。

　いさかいやいざこざといったコミュニケーションのエラーは日常的にあるものですが、ハラスメントに発展していく過程を予防し、保育者自身が苦しかったり悲しい表情、態度とならないように努めましょう。

　その一つとして「オブジェクト指向コミュニケーション」を心がけます。オブジェクト指向とは、一人ひとり異なる個性や発達過程をもつ子どもを、大きな目的をもってつなぎ合わせることで、「子どもたちがいるから」といった関連性や「子どもたちのために」といった相互作用を生むという考え方です（図表1-9）。

　例えば、目の前に子どもが一人しかいないからと、職員間で大きな声で口論になったり子どもに無関心であるとき、直接見聞きして影響を受けるのはその子どもだけかもしれません。しかし、その現場には一人しかいなくても、子ども同士はつながっていて影響しあう存在と考えると、多くの子どもたちの目の前でしているのと同様のパワーをもつ言動ということになります。

　「落ち着きのない子」「気になる子」などとするのは大人の判断ですが、その大人の影響を受けた結果という可能性もあります。ですから、園の理念や指導案を思い返しながら、一人ひとりの子どもに対して職場でどのようなコミュニケーションをとるべきかを考えましょう。

　同僚間はもちろん、リーダーや園長とも、保育者ならではの見立てと子どもの目線で子どもたちに関連したり影響することをつなぎ合わせ

て、全体的な観点から対話することも有効です。

● 図表1-9　オブジェクト指向コミュニケーション

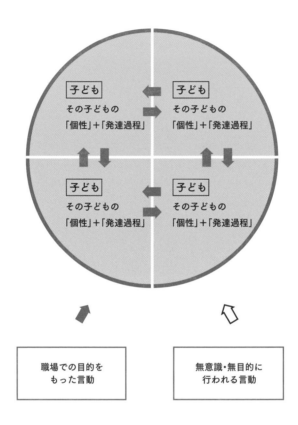

第 **2** 章

パワーハラスメント

パワーハラスメントとは

職場の人間関係の中で生まれる身近なハラスメント

「ハラスメント」は、相手に嫌がらせをすることで不快な状態にすることです。では、パワーハラスメントの「パワー」は何でしょうか。

直訳すると「力」です。端的にいえば、他者に対する「影響力」です。力がない職員も、影響力のない職員もいません。人は生まれながらにその子なりの、その子らしい力や影響力をもっています。また、成長の過程でさまざまな力や影響力を習得していきます。そして、そのパワーにはさまざまな種類があります。内面的なパワーは、内部で入力される思考力、感情力、関心力、共感力などで、外面からの刺激を得て作られています。外面的なパワーは、外部へ出力される発言力、表現力、行動力、指導力などで、内面からの刺激を得て作られています。内面的なパワーと外面的なパワーは、相互に作用し合っています。どれも生活や職場で発揮しなければいけない力ですが、発揮の仕方を間違えると、嫌がらせ行為となることがあります（図表2-1）。

こう考えると、誰もが行為者になり、誰もが対象者になりえることがわかります。役職の上位にあたる園長や主任が行為者とされることが多いですが、「口を出すな」「現場のことを何も知らないくせに」「辞めます」など、集団の力という優位性をもって攻撃されることもあります。

例えば園長としてすばらしい理念を抱いていても、保育者がいなければ保育はできません。そのため職員の動向に怯え、職員の声に振り回されることも起こります。同僚間、後輩からリーダー、非常勤のベテラン

● 図表2-1　パワーの構成図

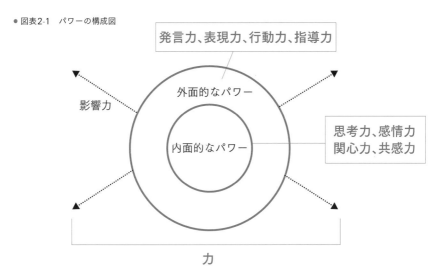

職員や中途採用者に対することもあります。職場でその力や影響力を不適切な言動によって発揮し、相手を嫌がらせ、職場を不快にさせる行為がパワーハラスメントです。職場の人間関係の中で生まれる、最も身近なハラスメントといっていいでしょう。

パワーハラスメントと喧嘩の違い

　それでは、パワーハラスメントと「喧嘩」の違いは何でしょう。暴言・暴力、無視があったり、不快にさせる意味でも同じかもしれません。しかし喧嘩は、強弱がある者同士では「弱いものいじめ」にしかならず、そもそも喧嘩になりません。つまり、対等な関係（フェア）だからこそ、喧嘩は成り立つのです。

　職場においても、フェアでイーブンな同僚同士で口論することは、子どもが目の前にいるなど時と場合によって不適切な言動ではありますが、パワーハラスメントにはなりません。

　一方で、どちらかが我慢をしている状態や何も言えない状態では、対等な関係とはいえません。職場は同じような年齢や経験の人がお金を

払って学ぶ学校ではなく、社会において仕事の目的を果たすための場所です。同じ目的をもっているという意味では対等であっても、年齢や経験、価値観、雇用形態、役職、配置、採用時期、雇用条件、役割など多様な差異があり、業務をするうえでは影響力というパワーが正にも負にも出やすい場所といえます（図表2-2）。

● 図表2-2　パワーハラスメントと喧嘩の違い

	喧嘩	パワーハラスメント
個人	Aさん×A'さん	Aさん×Bさん（＋Cさん＋Dさん）
集団	Aさんチーム×A'さんチーム	Aさん派閥×Bさん派閥（＋権力者）
優位性	対等	偏り
業務の範囲	意見交換の範囲を超える	指導の範囲を超える
本来の目的	お互いの意思疎通	法人の理念に基づいた保育
手段	強い意見・主張	不適切な言動
結果	喧嘩別れ・仲直り	一方的な要求・不快な状態

パワハラの負の感染力

　通称「パワハラ」と呼ばれるパワーハラスメントは、個人の人間関係だけに留まらず、働く職場で行われることもポイントです。保育者であれば園ですが、その保育を阻害し職場環境を悪化させます。家庭で行われる力関係を背景にした言動は、虐待やドメスティックバイオレンス（家庭内暴力）などとして分けて考えます（図表2-3）。

　職場でパワハラが起こると、本来の目的である「働く」という「人が動く」機能が著しく低下していきます。例えば、常に「もう早くして！」と大声で叱責や命令をするリーダーの言動は、一時的には業務が早まるかもしれませんが、過度な緊張感が心理的なブレーキとなるため、全体的

● 図表2-3　パワハラとドメスティックバイオレンス

	パワーハラスメント	ドメスティックバイオレンス
場所	職場	家庭
根拠	パワハラ防止法 （労働施策総合推進法）	DV防止法 （配偶者からの暴力の防止及び被害者の保護等に関する法律）
パターン	・身体的攻撃 ・精神的な攻撃 ・人間関係からの切り離し ・過大な要求 ・過小な要求 ・個の侵害	・身体的なもの ・精神的なもの ・性的なもの ・経済的なもの ・社会的隔離
状態	「不快」な状態にさせる	
最終的な被害者	子ども	子どもと配偶者

にも次第に遅くなっていきます。

　また、「ダメです」「それはでも」と禁止語や反対語ばかりを使うリーダーの言動は、自分で考えることをやめてしまったり、本来の能力や自信が失われていくでしょう。

　園長や主任などの役職者といった個人の言動ももちろんですが、保育など集団による言動を行う職場では、集団心理が働き、知らずのうちに加担していることもあり、特に注意が必要です。学校で問題になっている「いじめ」を想像するとわかりやすいでしょう。行為者も対象者も傍観者も、集団の中では不快感や不安という負のエネルギーとなって強く働くことで思考停止に陥りやすく、対処されず放置されたり、エスカレートする傾向があります。違和感をもって平常時の感覚で異を唱える人が少数になることも多いです。

　園では誰が一番の被害者となるのかを考え、被害者のためにできる言動を、行為者のみならず、対象者を含めた職場全体の目的として、ハラスメントの予防と対策を進めていきましょう。　　　　　　　　　　　　　　●

パワーハラスメントに関する法律

パワハラに該当する3つの要件

　パワハラ防止法は、正式名称を「労働施策の総合的な推進並びに労働者の雇用の安定及び職業生活の充実等に関する法律」（労働施策総合推進法）といいます。目的は、働き方改革関連法を始めとするさまざまな施策を円滑に推進して心身ともに働きやすい職場にするとともに、労働者の雇用を安定させ、能力を適切に発揮させて、キャリアの充実を図ることです。パワハラはそれらを妨げる行為であり、職場で継続的に予防を図ることは、職場が職場であるための大前提となります。

　パワーハラスメントの定義は以下のとおりです。

「職場におけるパワーハラスメントは、職場において行われる①優越的な関係を背景とした言動であって、②業務上必要かつ相当な範囲を超えたものにより、③労働者の就業環境が害されるものであり、①から③までの要素を全て満たすものをいう。なお、客観的にみて、業務上必要かつ相当な範囲で行われる適正な業務指示や指導については、職場におけるパワーハラスメントには該当しない。」

出典:事業主が職場における優越的な関係を背景とした言動に起因する問題に関して雇用管理上講ずべき措置等についての指針

　つまり、パワハラに該当するには3つの要件があり、指示や指導とは明確に異なるということです。この3要件を順番にみていきましょう。

①優越的な関係を背景とした言動

　優越的な関係を背景とした言動とは、園の業務を遂行するにあたっ

て、言動を受ける対象者が、言動の行為者に対して抵抗または拒絶することができない見込みが高い関係を背景として行われるものを指します（図表2-4）。例えば、以下のようなものが含まれます。

・園長や主任など、職務上の立場が上位の職員による言動
・職場の同僚や後輩による言動で、業務上必要な知識や豊富な経験を有しており、その職員の協力を得なければ業務を円滑に遂行することが困難であるもの
・同僚または後輩からの集団による行為で、抵抗または拒絶することが困難であるもの

　つまり、誰もが行為者にも対象者にもなりえるということです。園長や主任からパワハラを受けていたり、園長や主任がパワハラを受けて職場をやむなく離れた事例もあります。

　職務上の立場が上位である園長や主任がパワハラを受けているというと意外かもしれませんが、例えば、法人理事長の親族で異業種から転職してきた経験の浅い園長が、「シロウト園長」と影で呼ばれて業務の指示や指導がまったく届かなかった例です。職場では「保育のことを何もわからない園長に言われても困る」として蚊帳の外に置かれ、「とやかくいうのであれば辞める」という一方的な要求となって指示や指導ができなくなるなど、集団で園長個人を嫌がらせる行為となっていました。

　「お局担任」として常にやり玉に上がっていたクラスリーダーもいます。保育の知識や技術は、園長から「お手本になる」「次の主任候補」などと評価され、園でも期待されていました。本人も、園の保育方法に強い誇りと自負をもっていました。しかし、それが「鼻につく」「生理的にムリ」などとアダのようにとられるようになり、出産を機にパート職員となっていたベテラン職員の扇動もあり、職員らの気持ちがリーダーから離れてしまったのです。

　クラスリーダーとして、その日の保育内容が確認できなければ、どのように保育者と協力して保育を展開すればよいのかわからなくなりま

す。しかし、次第に誰もリーダーに報告や連絡をしないようになったのです。

● 図表2-4　優越的な関係がおよぼしやすいこと

②業務上必要かつ相当な範囲を超えた言動

「業務上必要かつ相当な範囲を超えた言動」とは、社会通念に照らして、その言動が明らかに業務上必要性がなかったり、その態様が相当でないものを指します。例えば、以下のようなものが含まれます。

・業務上明らかに必要のない言動
・業務の目的を大きく逸脱した言動
・業務を遂行するための手段として不適当な言動
・当該行為の回数、行為者の数等、その態様や手段が社会通念に照らして許容される範囲を超える言動

　これらの判断にあたっては、さまざまな要素（言動の目的、言動を受けた対象者の問題行動の有無や内容・程度を含む経緯や状況、業種・業態、業務の内容・性質、言動の態様・頻度・継続性、対象者の属性や心身の状況、行為者との関係性等）を総合的に考慮することが適当とされています。その際、個別の事案における対象者の行動が問題となる場合は、その内容・程度とそれに対する指導の態様等の相対的な関係性が重要な要素となることについても留意が必要です。

　「総合的に考慮」というと曖昧かつ難しく聞こえるかもしれませんが、方針・方法・状態に分けて一つひとつ丁寧にみていけば、「パワハラの芽」

を予防し、「指導の目」を育てることができます。例えば、図表2-5のようなポイントでみてみましょう。

● 図表2-5　業務上必要かつ相当な範囲の分岐点

	言動のチェック項目	パワハラの芽	指導の目
方針	目的	自分の感情の解消	相手の成長や変化
	対象	今から過去	今から将来
	問題行動	本人だけの問題	職場の問題
	業務の性質	失敗は絶対に許されない	失敗するときもある
方法	その場の状況（自分）	みんなの前で問いただす	個別に事情を聞く
	その場の状況（相手）	混乱・錯誤している	把握・整理している
	態様	理屈を長々と言う	理由を手短に言う
	頻度	何度も繰り返す	1回で完結する
	継続性	過去のことに触れる	今のことだけ言う
状態	心身の状況（自分）	大きく高揚している	落ち着いている
	心身の状況（相手）	小さく萎縮している	落ち着いている
	関係性（職場）	義務感がある	愛情がある
	関係性（個人）	人格に触れる	人格を尊重する

　自分の言動の直前や言動の後で振り返るとき、「パワハラの芽」となる言動なのか、「指導の目」となる言動なのか、一瞬だけでも参照する習慣をもつと、大きな声や強い態度で臨まなくても指導できることがわかると思います。むしろ、大きな声や強い態度では、望ましい状態や期待した変化が生まれないことが多いです。特に、相手の気づきや変化を目的にしていることが自分自身で感じ取れるようになると、どういう状態で接すればよいのかがわかるようになります。

「なぜこんなことになったの」「なんでできないの」などと理由を突き詰めて探す（なぜなぜ分析）だけではなく、「どうしたらこうならないか」「どうしたらできるか」と視野を広げて、「それで」「なるほど」と不思議さや面白さを共有しながら一緒に考える（わくわく分析）バランス感覚が大切です（図表2-6）。

● 図表2-6　なぜなぜ分析とわくわく分析のバランス

	なぜなぜ分析	わくわく分析
目的	同じ結果を繰り返さない	よい行動を選択する
手段	本当の原因を特定	よりよい対策の設定
方向性	過去の出来事を深掘り	将来の行動を広げる
使用する言葉	「なぜ」を最大5回	「どうしたら」「それで」「なるほど」
心理的な状態	探究心	興味・関心
目線・眼差し	凝視・注視（虫の目）	俯瞰・鳥瞰（鳥の目）
効果的な対象	物理的なこと	対人的なこと
対象の例	ヒヤリハット、コンプライアンス	人間関係、保育方法、職場の雰囲気

③労働者の就業環境が害されるもの

　「労働者の就業環境が害される」とは、それらの言動により職員が身体的または精神的に苦痛を与えられ、就業環境が不快なものとなることで、能力の発揮に重大な悪影響が生じる等、就業上看過できない程度の支障が生じることを指します。

　この判断にあたっては、「平均的な労働者の感じ方」、つまり同様の状況で同じ言動を受けた場合に、社会一般の職員が就業する上で看過できない程度の支障が生じたと感じる言動かどうかが基準になります。例えば、園長の「アホちゃうか？」という言動に対して、職場の他の職員が不快に感じれば、就業環境は害されていることになり、気にならないのであれば、そのときのその言動は害悪性のないものとなります。

ただし、「本人の気にしすぎ」と扱ってしまえば、不快に感じる職員を排除することになるので、気持ちの良い職場環境とはなりません。そこで、「平均的な労働者の感じ方」を基準としつつ、「労働者の主観」にも十分配慮する必要があります。

　相手の感じ方となると「やっぱり相手次第なのか」と難しく感じるかもしれませんが、そんなときは「リプレーシング・テスト」（置き換えテスト）をやってみましょう。これは、経験や役割などの属性が同じ立場の人だったらどう感じて考えるかを試してみるテストです（図表2-7）。

　例えば、クラスで起こったケガで子どもが流血したときです。お迎えの際に、保護者にその様子を伝えるとき、普段は一緒にクラスを担当している新任の先生が話すことが多いとして、その時担任であるあなたが「私が説明する」と言ったとします。

　あなたと同じような立場の職員であれば、同じ言動をとりますか。異なる言動をとりそうですか。「あの保護者はケガに対して敏感だから、後輩には説明させられない」と、誰でも同じことをする場合は、それしか方法がなかったことになり、やむを得ない言動だったと判断します。

　同時に、他の新任の先生に置き換えて考えてみましょう。他の「平均的な新人」であればどう感じると思いますか。「私は一緒に謝罪して、説明したかった」と思うかもしれないのであれば、異なる方法が見つかるかもしれません。

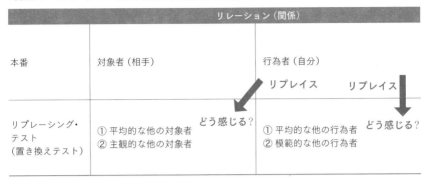

園長と職員の責務

　このように「パワーハラスメント」が法制化され、どの園でも日常的かつ継続的に予防と対策の強化が求められています。園長（事業主）としての責務は、大きくは次の3点です。

① パワハラの予防から相談窓口での対応までに対する措置を講じること
② 方針等を規程し、対応に必要なマニュアルを整備して周知すること
③ 研修の実施（相談窓口の担当者を含む）や必要な指導をすること

　職員（労働者）を含めて、一人ひとりが必要となる責務もあります。次の一人ひとりの責務は、すぐにでも実施する必要があります。

① 理解と関心を深め、他の職員に対する言動に必要な注意を払うこと
② パワハラの予防から相談対応までに対する措置に協力すること

　具体的には、次の3段階の流れで「浸透・流出・再浸透」を繰り返すことで、学んだことを忘れたり反応できないことを見直し、定着を試みます（図表2-8）。その前提として、園長の方針とコミットメントが不可欠です。自分を振り返ったり、トップメッセージを絶えず発信したり、現場任せにせずに関与し続けます。園長自らがパワハラに対する理解と関心を深め、職員に対する言動に必要な注意を払うことが必要です。現場で起こるハラスメントは、第一義的には園を守る園長の職務領域と心得ましょう。

● 図表2-8　ハラスメントを予防する組織づくり

相談窓口の設置

　第一段階は相談窓口の設置です。「相談」ですから、職員からの声を待って一方的に受けるだけでなく、何でもないときからアンケートや面談などで職員に手を差し伸べ歩み寄り、確認や相談をする機能を備えることが大切です。園には保護者の苦情相談窓口がありますが、職員からの相談も同じように参考にしてみましょう。例えば、園長一人が担当者となっていることがありますが、これでは不十分です。責任者は園長ですが、人事裁量権のある園長に何でも気軽に相談できるものでもありません。また、園長自身に関する内容などは、客観性や公平性を欠いてしまいます。例えば小規模の園でも、主任などを加えて二人体制にしたり、事務職員や看護師、副主任が一次相談窓口を担い、法定の衛生委員会などを園内で再構成します。相談窓口の担当者には、相談を受けた場合の対応などについて、微妙なケースなども広く相談に応じられるように研修を行い、園長等と適切に連携を図る知識や技術が必要です。

　そうして、他のハラスメントの相談窓口と一元的に相談に応じることができる体制を整備し、周知・徹底することが望ましいです。なお、パワハラの指針において相談窓口を事前に定めていると認められる例は、①相談に対応する担当者を予め定めること、②相談に対応するための制度を設けること、③外部の機関に相談への対応を委託することの３点です。

デリケートな問題の解決に向けては、直接の関係者だけの信賞必罰の裁定では遺恨を残すこともあるので、慎重な対応が必要です。善悪で一刀両断できなかったり、双方にもっともと感じる事案もあり、何らかの不安や不満は残るものです。調整に向けては、こじれたりぶりかえすこともあり、お互いに譲歩して歩み寄れる余地を残せる仲裁が望ましいです。そのため、譲り合って和解し、和解後の様子も見届けるなど「この人が言うなら信頼できる」「今回はこの人の顔を立てよう」「しっかり謝ってくれたら不問にしよう」と思える仲裁者(メディエーター)を置いておくことも有効です。職員は、当事者ではなくても相談できるように、報告者としての役割を義務づけます。園外の理事会や専門家とも連携できると、透明性が高く実効力のある相談窓口が組織できます。

就業規則への規定

　第二段階として、就業規則への規定を考えます。すでにセクハラやマタハラの規定があるかもしれませんが、形式的なものにならないよう、どんな言動がよくて、どんな言動が悪いのか、誰がいつ、どこに相談できるのかなど、例を列挙して、読めばわかるようにして説明・確認し、配布することが大切です。パワハラに関する規定も、繰り返し周知・運用して充実させることが必要です。対象者や行為者等の相談対応の流れ、受け止め方や心身の状況への留意点、プライバシー保護などに対するマニュアルを定めることも大切です。すべてのハラスメントに関する規定を一本化した設計・運用も検討しましょう。「こんなときはどうするのか」という曖昧なグレーゾーンや「こんなことがあった」という詳細な内容に対しては、園の解釈を示すガイドラインを作成して共有することも有効です。情報の周知と共有によって、職員に「心のブレーキ」をもたせてあげます。

研修の活用

　第三段階は研修の活用です。園にある研修体系や研修計画に、ハラスメントの研修を加えましょう。内容は、ハラスメントの犯人さがしとなるものよりも、対話やコミュニケーションに重点を置きましょう。かける時間は、1時間や2時間をかけずにできる研修も用意します。例えば職員会議の前の10分間、行事の後の15分間など、短い時間で継続的に反復して刷り込んでいくこと（インプリンティング）が大切です。

　参加対象は、特定の職員や全職員での実施だけではなく、クラス単位にしたり、参加しやすい時間帯での参加にします。相談窓口の担当者に対しては、別途必ず行います。講師は、園内の委員会などで運営したり、園外の役員や専門家を招いたりします。方法は、職員の温度感をつかみやすい対面形式だけでなく、距離をおいて話したり聞きやすいオンライン形式、自分のペースで振り返りながら進められる自己評価やアンケート形式でもいいでしょう。必要に応じて相談窓口を再設計したり、就業規則を再規定しながら繰り返し行うことが大切です。　　◯

3 パワーハラスメントが発生しやすい背景

職業性ストレスと社会性ストレス

　パワハラが発生しやすい背景を把握することで、モヤモヤと考えていた状態から、客観的に自分や相手とは切り離して建設的に考えられるようになります。職場の中で自分や相手がどのような状態に陥りやすいのかを知ることで、具体的な予防や対処ができるようになりましょう。

　園でパワーハラスメントが発生しやすい物理的な要因は、大きくは以下の2つです。

① 長時間労働になりやすい

　（早番・遅番・土曜番等の不規則な勤務形態、慢性的な職員不足など）

● 図表2-9　心理的ストレスのチェックリスト

心理的ストレスのチェックリスト	
職業的要因〈職業性ストレス〉	社会的要因〈社会性ストレス〉
□ミスが許されにくく事故やトラブルになる	□心身の育ちを保障する保育の質の高度化
□仕事の終わりや完成が明確になく忙しい	□開所時間や行政書類など保育の量の肥大化
□対人関係が多い（保護者、子ども、職場）	□配慮が必要な保護者が多様化している
□高度な肉体労働・頭脳労働・感情労働である	□配慮が必要な子どもが多様化している
□同質的な専門家集団で個々に自律性が高い	□児童犯罪が異質化し内外での監視が必要
□職場の中でも閉鎖的で目が行き届きにくい	□地域社会とのつながりが希薄化している
□先生と呼ばれ先生気質になりやすい	□処遇等からとらえた専門性への評価の低さ

② 密状態が偏りやすい

（密閉・密集・密接した空間で密着した人間関係が固着的に形成されるなど）

　園でパワハラが発生しやすい職業的な要因は、大きくは次の２つです。

① 子どもの生命や発達に影響がある

（アレルギー・事故・病気・ケガ・保護者対応・発達の偏り・遅れなど）

② 全員が先生である

（実際には見て習う・主従・上下・派閥・徒弟など暗黙の力関係が働くなど）

　これらの要因から、職場で客観的かつ人間的なゆとりや遊びの要素がなくなりやすく、固定的な考え方やとらえ方が一般化し、認知のバイアス（考え方や捉え方の偏り）が強くなります。これらは自ら気づいて修正しにくい背景があります。職業的・社会的ストレスがかかっていないか、自分自身のこととして知っておきましょう（図表2-9）。こうしたストレスも認知のバイアスをゆるめにくく、強固にする原因となります。

問題が複雑化しやすい園環境

　誰しも、相手に対して悩んだり困ったりするのは日常的にあるものです。同様に、相手が自分に対して悩んだり困ったりすることも日常的でしょう。そのすべてがパワーハラスメントかというと、そうではありません。一方的に「ひどく」「しつこい」状態になったり・させたりすることは限られ、時間や自助努力で解決できることもあるでしょう。

　それでは、なぜ園でハラスメントが重要課題なのでしょうか。それは、時間による解決や自己解決に委ねることで問題をこじらせることが多いからです。常時人と密に接することが必要となる対人援助職であり、気持ち（感情）を用いる感情労働職は、気持ちや気分、機嫌などの揺れ動きが生じやすいです。

　園は、無意識のうちに相手に影響しやすく、自分自身も影響を受けやすい環境です。以下に挙げる物理的な理由によって自分で抱え込むこと

になりやすく、とても言いにくく気づきにくい環境といえます。

① 職員同士が個別に落ち着いて話せる場所がない

　（子どもの前を離れづらく、離れる場所もない）

② 職員同士が個別に落ち着いて話せる時間がない

　（シフトやノンコンタクトタイムが合わない）

③ 園長や主任が、個別に落ち着いて話せる相談窓口ではない

　（知識や技術がなく、利害関係がある）

　それだけに、ハラスメントのタネに未然に気づき予防し続けることができれば、職場の雰囲気は体感的にも明るく風通しがよくなり、働くことも、保育をすることも楽しめるようになってきます。影響力も責任も大きい園長や主任にとっては、なおさらでしょう。

メタ認知を育て、味方にする

　具体的な技術として、自分自身を客観的に認知する「メタ認知」（もう一人の自分）を育て、味方にできるようにしておきましょう。自分のことに気づこうとすることで、周囲への影響を自覚することになります（図表2-10）。

　メタ認知の「メタ」には、「高次の」という意味があります。これは、自分が「認知していることを認知する」ことです。記憶や思考、学習したことを、「高次の」（＝メタ）視点から客観的に認知し、考え方やとらえ方の偏りとなっている認知のバイアスや決めつけてしまうような自動思考を修正していきます（図表2-11）。具体的には、次の3つのプロセスで技能を習得するといいでしょう。

① メタ認知的ナレッジ：自分の短所だけでなく長所をしっかり踏まえて、自分のことを自己評価をして得た知識です。長所の活かし方や短所の対処法まで把握することで、自分自身を知る技能になります。

② メタ認知的モニタリング：現在の自分の知識に照らし合わせ、悪い傾向になっていないか、知識が足りているかなどを確認する技能です。

例えば「どうして相手が怒ったのか」「自分に非はなかったのか」と、自分自身を客観的にモニターに映すようにして観察します。うれしい感情を「快のモニタリング」することも有効です。

③ メタ認知的コントロール：モニタリングで確認できたことを踏まえて感情をコントロールし、改善に向けて行動を変化・工夫する技能です。自分を含めた全体の状況を把握することで、同じ失敗を防ぎ改善へとつなげます。

● 図表2-10　もう一人の自分を育てる

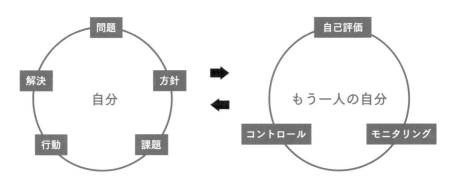

● 図表2-11 メタ認知によるパワハラの予防プロセス

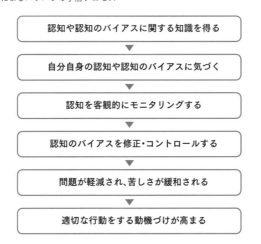

④ パワーハラスメントが発生する職場

発生の4大特徴を備える保育現場

　パワハラが発生している職場の特徴としては、大きく4つほど挙げられます。それは①上司とのコミュニケーションが少ない、②雇用形態などさまざまな立場の職員が一緒に働いている、③残業が多く休みが取りにくい、④失敗が許されなかったり失敗の許容度が低い、ことです。

　業務の性質上、園長や上司と常にコミュニケーションをとりながら保育をすることは難しいでしょう。一度クラスに入ってしまえば、園長や主任に常に報・連・相を行うことは難しいです。また、経験が豊富で年齢も上ですが、育児などを節目にしてパートタイムとなった職員などが、補助や後輩となることもあります。シフト制により、園の開所時間にあわせて早番・遅番、土曜日出勤をしているため、休みもとりづらく、残業

● 図表2-12　パワハラリスクの簡易チェックリスト

パワハラリスクの簡易チェックリスト		
最重要	コミュニケーションが少ない、またはお互いにまったく干渉しない	
重要	さまざまな立場の職員が一緒に働いている、または偏りがある	
	残業が多い、休みが取りにくい	
	失敗が許されにくい	
必要	他のクラスや外部との交流が少ない	
	さまざまな年代の職員が一緒に働いている、または偏りがある	
	園に対する保護者や地域の評価が低い、または園の運営が厳しい	

でカバーすることもあるでしょう。子どもの命を預かり、心身を育てる仕事ですから、子どもの安全が第一となり、失敗は許されにくい性質があります。

　つまり、パワハラが発生している職場の特徴の4項目をすべて満たすのが保育という仕事・環境です。何も予防や対策をしないと、自然とパワハラが発生しやすい特徴をもつ環境といえます（図表2-12）。

パワハラが職場に与える影響と予防の意識

　パワハラが職場に与える影響として、①職場の雰囲気が悪くなる、②心身の健康を害する、③能力を発揮できなくなるという3つが挙げられます。違う言い方をすると、①職場の雰囲気が悪いと感じたり、②元気がない職員がいたり、③思うように力が出ないときは、パワハラが起こっていると想定してください。

　パワハラの予防・解決のために効果的なのは、①管理職の意識の変化、②職場のコミュニケーションの活性化です。違う言い方をすると、①管理職の意識が低かったり、②職場の風通しがよくないと感じたときは、パワハラが起こる可能性があると認識しましょう（図表2-13）。

● 図表2-13　パワハラの影響と予防

パワハラの影響（結果）	パワハラの予防（対策）
① 雰囲気が悪くなる（－）	① 管理職の意識の変化（＋）
② 心身の調子が悪くなる（－）	② コミュニケーションの活性化（＋）
③ 能力が発揮できなくなる（－）	

影響（－）への一次的・臨時的な対処
↓
予防（＋）を継続的に繰り返す

聞くことから始め、聞くことに終わる

　パワハラが発生している職場の傾向を踏まえると、園として特にやるべきことがわかります。予防や対策を考えるとき、最低限の「してはいけないこと」を理解することも大切ですが、それだけでは職員が萎縮したり敬遠されることもあります。

　大切なことは、管理職が自らその必要性を実感し、コミュニケーションをとりやすい職場にすることです。職場でのコミュニケーションは、一方向に何かを伝えることではなく、双方向とするために、「聞くことから始め、聞くことに終わる」ことに徹するということです。

　しっかり聞くことは、しっかり見ることでもあります。物理的・時間的な制約で聞くことが十分にできない場合でも、「診る」ことで自分に聞くことはできます。例えば、職員の表情や声の様子を見ることができるようになれば、「いつもと違うかな」「帰り際に声をかけてみようか」と「見立て」を立てられるようになり、聞くこともメリハリがつくようになります。職場の日々の揺れ動きを見るようになると、動機づけが生まれて聞きやすくなります（図表2-14）。

● 図表2-14　職場の問診票

分類	項目	☑
職員の目を診る	目が合う（伏し目、泳ぎ目でない）	
職員の表情を診る	笑顔が出る（眉間にシワ、口がへの字でない）	
職員の声を診る	声が通る（つぶやき声、語尾が小さい声でない）	
職員のしぐさを診る	正面を向く（腕組み、うつむき、不自然でない）	
職員の反応を診る	反応がある（生返事、空挨拶でない）	

生産的なコミュニケーションを心がける

　職場でのコミュニケーションは、保育者がお互いに感情や思考を言葉や表情を媒介して行う情報の交換です。しかし実際は、「あのときこう

言えばよかった」「こう言おう」などと、思っていることや伝えたいことを、自分を中心に「発信する」ことにエネルギーを集中しがちです。相手が話をしても、「意見はもっともだと思いますが」「でも、ですね」「しかし」など、自分の意見でさえぎることもあります。

　一生懸命かつ論理的に気持ちを込めて伝えても伝わらない「非生産的なコミュニケーション」の代表例は、批判をする、助言をする、説教をする、なだめる、脱線する、命令する、脅かす、哀れむ、恥をかかせる、誘導尋問をするです。特に、役職のある立場や責任感のある人は、業務上何とか相手にわかってもらおうと必死になるほど、空回りをしやすい傾向があります。

　特に、否定することからは生産的な「答え」が生まれず、相手は耳も心も閉ざしてしまうでしょう。コミュニケーションをしたつもりになっているのは話し手だけで、伝えたい情報が相手に届かず逆効果になることもあります。

　そのためにも、「生産的なコミュニケーション」を心がけましょう。「聴」という文字のとおり、耳も目も心も十分に使って聴こうとすることです。「あのときこう聴けばよかった」「こう聴こう」など、相手が思っていることや伝えたいことを、相手を中心に「収集する」ことにエネルギーを集中します。

　聴くことには、時間も労力もかかります。最初はスッキリしない感覚も覚えるでしょう。それでも結果として、目的に早く近づくことができます。特に、相手に課題があることや理解が異なることは、聴くことで、相手が課題に自ら向き合い整理することの助けになります。

ニュートラルポジション

　聴く状態の基本は「ニュートラルポジション」です。自分の考えが浮かんだり、気持ちが熱くなったり冷めたりする状態は、ニュートラルな

状態ではありません。聴くときに意識するポイントは、①無条件に肯定的な関心を寄せる、②相手の気持ちに共感的な理解を寄せることです。

　話すとき、ちょっとした言葉づかいや態度で、誤解をされたり反感をもたれるように、聞くときも、ちょっとした聞き方や態度で相手を遮ることがないよう、アイコンタクト、うなずき、あいづち、ほほえみ、言葉の繰り返し、感情の確認などを、オーバーなくらい丁寧に入れます。

　さらに、相手がイエス・ノーで答えやすい質問（クローズド・クエスチョン）をしていきます（図表2-15）。「イエス」が繰り返されると、事実を確認しながら相手の気持ちや考えが肯定的で共感的になる効果があります。相手が5W1H（いつ・どこで・だれ・何・なぜ・どうやって）で自由に考えて話しやすい質問（オープン・クエスチョン）も入れます。そうすることで、相手は与えられた「答え」ではなく、自分で得た「気づき」によって行動がしやすくなります。

　このように、一見何でもない園内の対話や保育でも、すぐれた「先生」は自分が話して伝えようとすること（ティーチング）と、相手の話を聞いて気づきを引き出すこと（コーチング）の両方を、聴くことに比重を置いて実践しているのです。聴くことで「問題の答え」を教えるのではなく、「目的に気づき近づくためのプロセス」を教えることができます。

　園内で不適切な言動が継続的に行われていても、「仕方がない」「そんなものだ」「うちの園だけじゃない」と、疑ったり気づかずに突き進む「集団思考」に陥っている場合があります。集団思考は、チームワークを発揮する上で効果的な面もありますが、慣習でやってきた「答え」がある、本音を聴く機会が少ない、仲が良すぎる場合には、異なる側面をとらえづらくなります。コンプライアンス違反も起こりやすいです。

　聴くことで、率直な声やネガティブに感じる声が出てくることがありますが、積極的に拾い上げて質問をしていくと、安心して話がしやすくなります。組織で「当たり前」とされていたことに気づき、どのように見直せばよいかを一緒に考える機会を生み出していきましょう。

● 図表2-15　感情を中心に置いたコーチングモデル

焦点	質問の例	質問の形式
承認	どう、元気？（いつもお疲れさま）	クローズド
問題	一緒に考えたいんだけどいい？（助けてほしいな）	クローズド
事実	何があったのかな？（聞かせてほしいな）	オープン
感情①	今、どんな気持ち？（そうだよね〜だよね）	オープン
感情②	どうなるとうれしい？（〜は、私もうれしい）	オープン
思考	それでどう考えようか？（他に何かあるかな？）	オープン
行動	それでどうしたい？（なるほど応援させてね）	オープン
承認	やってみる？（わかったよ）	クローズド

パワーハラスメントの 6類型

パワハラの代表的な言動

　前述のとおり、職場におけるパワハラは、①優越的な関係を背景とした言動、②業務上必要かつ相当な範囲を超えた言動により、③労働者の就業環境が害されることを指します。また、個別の事案について判断するにあたっては、対象者が受けた苦痛の程度等を総合的に考慮することとなります。

　そのため、パワハラの状況は多様なものですが、代表的な言動の類型としては図表2-16のとおりです。いずれも典型的な例ですが、個別の状況等によって判断が異なる場合もあること、例示列挙であり限定列挙ではないことがポイントです。

● 図表2-16　パワハラの6類型と例示

6類型	該当例	非該当例
身体的な攻撃 （暴行・傷害）	ぶつ、ける、物を投げつける	誤ってぶつかる
精神的な攻撃 （脅迫・侮辱・暴言）	・人格を否定するような発言 ・長時間にわたり厳しい叱責を繰り返す ・人前で、大声で威圧的な叱責を繰り返す ・能力を否定し、罵倒するような内容の電子メール等を、当該相手を含む複数の職員宛に送信する	・遅刻など社会的ルールを欠いた言動がみられ、再三注意しても改善されない職員に対して、一定程度強く注意をする ・業務の内容や性質等に照らして重大な問題行動を行った職員に対して、一定程度強く注意する

人間関係からの切り離し（隔離・仲間外し・無視）	・意に沿わない職員に対して仕事を外し、長期間にわたり、担当クラスから隔離したり、在宅勤務させたりする ・一人の職員に対して同僚が集団で無視をし、職場で孤立させる	・新規に採用した職員を育成するために、短期間集中的に研修等の教育をする ・懲戒規定に基づき処分を受けた職員に対し、通常の業務に復帰させるために、一時的に必要な研修を受けさせる
過大な要求（業務上明らかに不要なことや遂行不可能なことの強制・仕事の妨害）	・長期間にわたる、肉体的苦痛を伴う過酷な環境下で勤務に直接関係のない作業を命じる ・新卒採用者に対し、必要な教育を行わないまま、到底対応できないレベルの業績目標を課し、達成できなかったことに対して厳しく叱責する ・職員に業務とは関係のない私的な雑用の処理を強制的に行わせる	・職員を育成するために現状よりも少し高いレベルの業務を任せる ・業務の繁忙期に、業務上の必要性から、業務の担当者に通常時よりも一定程度多い業務の処理を任せる
過小な要求（業務上の合理性なく能力や経験とかけ離れた程度の低い仕事を命じることや仕事を与えないこと）	・役職者である職員を退職させるため、誰でも遂行可能な業務を行わせる ・気にいらない職員に対して、嫌がらせのため仕事を与えない	・職員の能力に応じて、一定程度業務内容や業務量を軽減する
個の侵害（私的なことに過度に立ち入ること）	・職員を職場外でも継続的に監視したり、私物の写真撮影をする ・職員の性的指向・性自認や病歴、不妊治療等の機微な個人情報について、当該職員の了解を得ずに他の職員に暴露する（アウティング）	・職員への配慮を目的として、職員の家族の状況等についてヒアリングを行う ・職員の了解を得て、機微な個人情報について、必要な範囲で人事労務の担当者に伝達し、プライバシー保護の観点をふまえ、配慮を促す

出典：「事業主が職場における優越的な関係を背景とした言動に起因する問題に関して雇用管理上講ずべき措置等についての指針」（令和2年1月15日厚生労働省告示第5号）より筆者作成

リソース（対応力）の交換

　例えば、園で起こりがちな「過大な要求」についてみてみましょう。これは、保育内容がすぐれているとされている園や、保育技術が高い保育者も陥りやすいものです。保育士は、入園したときから国家資格の有資格者であり、保育の質や子どもの育ちを考えたときも、みな同じ「先生」です。子どもや保護者からすれば、そこに質の差異があることは想定しづらいでしょう。

　例えば、隣のクラス担任はベテランだから安全・安心で、自分の子どものクラスは新任だから不安がある、というわけにはいきません。園長であっても同じです。保育現場たたき上げの園長だから信頼できて、異業種からきた園長だから信頼しづらいということはありません。

　そこで、全職員に80点程度のことが要求されます。職員から保護者への連絡帳に一律に「ママさんへ」などと書かれていると、信じられない思いになる職員もいるでしょう。連絡帳の書き方などを指導するとき、相手のもつ今のリソース（対応力など）に対して、大きすぎる要求となっていないかどうかを考えます。現状のリソースが40点ということも考えられます。40点のリソースをもつ職員に対して80点を求めることは、過大な要求かもしれないということです。

　しかし、子どもや保護者など相手がいるので、40点でいいとはいえません。過大な要求をせざるを得ないときもあり、それが大きな成長へとつながることもあります。

　そこで、職員間でリソースを交換し合う発想が必要です。「『ママさん』のほうが書きやすい？」「うちの園では『お母さん』って書くことが多いよ」など、経験や気づきをふまえて情報を伝えたり、心理的な支えとなって応援するということです。「かかわり足らず」「指導足らず」とならないように、見守っているという気配りがわかるだけでも、勇気づけできます。

また、文章を書く場面では、誤字脱字が多かったとしても、保護者の話を聴くことが上手だったり、子どもへの言葉かけや目線が近かったりなど、他の得意なリソースに気づいて引き出すことも必要です。期待したり見守ってくれる人がいると知れば、今のリソースより高い要求でも、過大な要求とはならず、適切な目標設定ができます（図表2-17）。

●図表2-17　ある一面で必要となるリソースの例

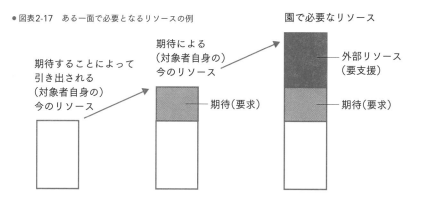

期待することによって
引き出される
（対象者自身の）
今のリソース

期待による
（対象者自身の）
今のリソース

期待（要求）

園で必要なリソース

外部リソース
（要支援）

期待（要求）

間接的なかかわりや指導を心がけてみよう

　次に、「人間関係からの切り離し」を見てみましょう。目の前に子どもがいることから直接的なかかわりや指導がしにくいため、園で陥りやすい環境となることを意識しましょう。逆にいえば、間接的なかかわりや指導ができるということです（図表2-18）。

　例えば「〇〇くん、昨日の帰りの歌のとき、すごくイキイキしていたね」「先生のクラスの前を通ると、いつも楽しそうな声が聞こえるね」など、常に子どもを話題の中心に置きます。子どもを主体とした間接的なかかわりや指導を強化することで、子どもを真ん中にして手をつなぐように、子どもを中心にした人間関係を築くということです。

　職員間で同調和音を重んじる仲良しこよしである必要はありません。違いや異なりを人と人との自然なことと受け止め合いながら、気持ちよく保育ができるチームメイトであればいいのです。

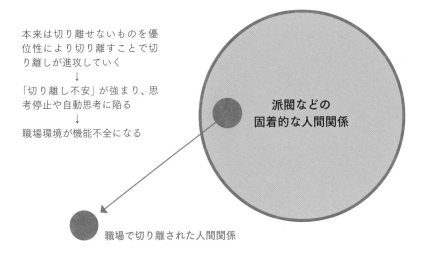

● 図表2-18　人間関係からの切り離しの構造

本来は切り離せないものを優
位性により切り離すことで切
り離しが進攻していく
↓
「切り離し不安」が強まり、思
考停止や自動思考に陥る
↓
職場環境が機能不全になる

派閥などの
固着的な人間関係

職場で切り離された人間関係

　無意識に自分が人間関係からの切り離し行為をしたり、職場での発生
を予防するために、図表2-19のチェックリストなどで、定期的に確認し
合いましょう。

　「かかわり」「思考」「行動」のそれぞれの分野で、一つでも自分なりに
得意にできる項目を探して「◎」をつけてみましょう。人間関係を良好
に保つ武器になります。一方で、苦手な箇所には「△」をつけて、苦手
意識がない「○」の状態に引き上げられるように、チャレンジしてみま
しょう。例えば「名前を正しく知らなかった」ことで人間関係にほつれ
が生じないように、職員に呼ばれたい呼び方などを確認して、意識して
呼んでみるなどです。

● 図表2-19　人間関係からの切り離し予防チェックリスト

区分	項目	◎	○	△
かかわり	□職員全員の名前を正確に知っている			
	□1か月に一度は職員全員と会っている			
	□話をするよりも話を聴くことが多い			
	□気づいたら自分から挨拶をしている			
思考	□気持ちの良い挨拶をするのが好きだ			
	□真剣な顔だけでなく笑顔も大事にしている			
	□人それぞれの魅力や長所はあると思う			
	□人間関係は総じて楽しいと思う			
行動	□想いをため込まずに小出しに出せている			
	□言い過ぎないように「腹八分」で伝えている			
	□一方的な要求にならないよう聞いている			
	□思い込まないように気分転換できる			
	合計			

パワーハラスメントに関する相談の内容

一番多いのは「精神的な攻撃」

前述の6類型では、相談の内容だけでなく、ハラスメントと判断された事案としても、「精神的な攻撃」が一番多いです。例えば、職員会議で見せしめのように「発言するまでは終わらない」としたり、申し送りでの連絡漏れに対してテーブルを叩いて威圧したり、無言で答えられないと「何考えてるの！」と威嚇したりすることです。「来年、副主任は交代してもらうから。手当ないからね」などと脅すようなこともあります。

一方で、再三注意してもルールやマナーを守れないなど、何度も注意することや強くしかることもあると思いますが、これらをパワハラとして相談がくることは少ないです。業務の適正な範囲であり、就業環境を害する言動ではないからです。同じ行為であっても問題になるのは、普段からの「かかわり足らず」または適切な「指導足らず」です。行為者と対象者の間で「ギャップ」があることが多く、相談になります。感情的、一方的、繰り返し、長時間、人前になっていないかなど、ギャップを分析して確認しましょう。

図表2-20の簡易ギャップ分析では、感情的など5つの項目で、「行為者の必要度」と「対象者の理解度」を定量的に示します。行為者の感情的になる必要度はどのくらいで、行為者が感情的であることへの対象者の理解度はどれくらいか、数値にしてみます。

5つの項目で、行為者と対象者の定性面で、理由や背景となる気持ちや状態などを言葉にします。個々でギャップが大きい箇所や、累積合計

	行為者の必要度		対象者の理解度		ギャップ
	定量面（A）	定性面	定量面（B）	定性面	A－B
① 感情的	4	腹立たしい	2	不安	2
② 一方的	5	説明したい	2	聴いてほしい	3
③ 繰り返し	5	責任感	2	喪失感	3
④ 長時間	5	言いたい	1	思考停止	4
⑤ 人前	4	期待効果	1	羞恥心	3
				累積合計	15

※定量面……非常に高い5　高い4　普通3　低い2　非常に低い1
※累積合計…非常に危険10以上　危険5以上　要注意1以上

で全体としてギャップが生まれたときに、行為者の「何とかわかっても
らいたい」といった切実な意図とは反して、対象者の「ひどい仕打ちを受
けた」といった結果になりやすいです。

「前意識」を強化する

　「バカ」「アホ」「ボケ」などといった不適切な言動は、対象者が意図し
て使おうと思っているわけではなく、日常生活で使い慣れていたり、無
意識のうちに出ていることが多いです。普段感じたり思ったりする意識
の領域は、氷山の一角です。それ以外は自動的に動いているともいえま
す。不適切な言動は、放っておくと保育の中で無意識に出てしまいます。
不適切な言動を言語化したり、する立場とされる立場で感じ方の違いを
確認し合うことで、気づいたり自分で気をつけたりできる状態（前意識）
にしておくことが大切です。例えば、給食のときに肘をついて食べてい
ることは、「わかっていてしている」わけでも「したいからしている」わ

けでもないでしょう。それでも「肘をついているよ」と言われたり、「給食のマナー」として確認し合っていれば、「しまった」と気づくことができます。時々、ちょっとだけ意識できる領域が「前意識」です。

「前意識」は「気づきの宝庫」です。普段は意識していなくても、何かの際は思い出したり気づいたり反応したりすることができる材料が貯蔵されています。「前意識」を強化するには、すでに学んだことに対する「繰り返し」が有効です。繰り返し繰り返し、定期的にリカレント（再学習）することで、自ら適切な記憶を通して無意識に抑制したり（マンホール）、適切な解釈を通して理解して表現できるようになります（フィルター）。

貢献意欲を発揮するための人間関係

相談の内容で一番多い「精神的な攻撃」は、「目を合わさない」「なるべく会話をしない」など執拗に繰り返されたり、「嫌なら辞めなさい」と衝動で出てくるものがあります。共通するのは、「前意識」で統制がとれなくなったものが不適切な言動となって出ていることです。

結果を頭ごなしにとがめるより、どのように認識・理解・感じているのかを確認することが、行為者の気づきを促すことになり、ハラスメントの予防につながります。精神的な攻撃には、自分や相手の存在価値を軽んじたり割り引いて行われている「ディスカウント」が、無意識に不適切な言動として現れる場合があります。これは、ありのままの自分や相手の存在に気づくことで抑制することができます。そのためにも、自分や相手の存在価値を認識・理解・感じたことを言葉や態度などで表現する「ストローク」を意識して、適切な言動にすることが大切です。

行為者も対象者も、園で人とかかわる中で、自分を守ろうとする「自己防衛」と、相手の役に立ちたいという「貢献意欲」を適切なバランスでもっています。相手の役に立っていないと感じるとき、自分や相手を攻撃して自分を守ろうとする意識が無意識に働きます。そのときは、

● 図表2-21　パワハラにおける労災の心理的負荷

心理的負荷	いじめ・嫌がらせ系	上司とのトラブル系
強	① 上司が指導の範囲を逸脱 　　＋人格や人間性を否定 　　＋執拗に繰り返し ② 同僚等が集団で結託 　　＋人格や人間性を否定 　　＋執拗に繰り返し	① 方針等をめぐって上司と対立 　　＋周囲も客観的に認識 　　＋業務に大きな支障
中	① 上司が指導の範囲を逸脱 ② 同僚等が集団で結託	① 方針等をめぐって上司と対立 ② 上司から強い指導や叱責
弱	① 同僚等の発言により不快感	① 方針等をめぐって上司と相違 ② 上司から指導や叱責

　ディスカウントによって自分や相手の存在が傷つき、「自分が正しいと思いたい」自己防衛に比重が偏っている状態であることを理解して尊重し、丁寧にストロークを送り続けることです。

　また、「相手にうれしいと思ってもらいたい」貢献意欲を、かかわりの中で見つけ出して認めながら、精神的なバランスをとろうとすれば、自分のことを肯定的に受け止める自己肯定感も回復させやすくなります。自分の存在や言動が相手のうれしさにつながっていることを感じると、自己防衛のための人間関係ではなく、貢献意欲を発揮するための人間関係となり、結果として自己肯定感が満たされていきます。

　パワハラの相談に関して、対象者のメンタルヘルスとの関係は避けて通れません。パワハラは対象者や職場のやる気を低下させ、保育の質も落とす行為ですが、うつ病をはじめ重大な健康障害を引き起こすことがあり、安全配慮義務の観点から予防や相談対応の必要性があります。

　労働災害における精神障害の認定基準では、業務による心理的負荷の程度により出来事を評価します。どのような言動が労災の認定の要件となるのか、図表2-21で把握しておきましょう。　　　　　　　　　❷

パワーハラスメントと指導

ハラスメント的な指導の連鎖の行き先

　園長の立場として、「ちょっとしたことでもパワハラになる」「指導がむずかしくなった」「なるべく何も言わないようにしている」「かえって面倒なことになる」と敬遠したり躊躇することがあります。主任も、「これまでの指導じゃだめなのか」「どこが悪いのかわからない」「気になることがあっても注意しづらい」「注意されていない職員に対して私だけ注意するのも大変」と遠慮したり戸惑うことも多いでしょう。

　人事院の年次報告書などをみても、「指導すべき場面で、ハラスメントと受け止められないか不安があって躊躇したことがある」という職員は10人中1人にのぼり、必要な指導をためらう様子がわかります。皮肉なことに、パワハラに関心のある職員は指導を躊躇し、関心の低い職員はパワハラを繰り返す傾向にあります。自分はよくても、後輩や部下のパワハラ指導までは行き届いていないことも多いです。厚生労働省の実態調査などでも、過去3年間にパワハラを受けたことのある職員は約3割にものぼります。

　では、かかわりや指導を控えることが賢明かというと、そうではありません。人とのかかわりの中で得られる気づきがあります。自分が感じている自分の姿は、相手が感じている自分の姿とは異なり、相手にしかわからない面があるのです。

　また、「教えてくれない」「放置されている」「関心がない」などと言われたり感じることになり、「私は誰にも教わらなかった」「保育者なら自

分で考えるのが当たり前」「関係ない」など、同僚や後輩にも同じような
かかわりや指導を強要するなど、ハラスメントの芽がさらなるハラスメ
ントにつながります。

　このように水が圧力を受けて滴り落ちていく「トリクルダウン現象」に
おいて、ハラスメント的な指導の連鎖は、職場で一番弱い子どもたちに
負のエネルギーが到達してしまいます。

コミュニケーションの好循環に向けて

　トリクルダウンが起こると、コミュニケーションの流れが上から下へ
と固定されやすくなります。下から上、あるいは横同士の流れが途絶え
やすくなるのです。血液でいえば、足元から血が上がりにくくなり、よど
んだ血液が血栓となって血管を詰まらせてしまう「エコノミー症候群」に
なっている状態です。保育現場で起こっていることについて、報告、連
絡、相談がこなくなります。必要があると感じても、健全な流れがないの
で、抱え込みやすくなるのです。

　そうなると、個人で悩みを抱えやすく「ゆらぎ」が生じます。指導内容
にも悩み、指導の仕方にも悩みます。本来は「相談したほうがいいかな」
と思うところでも、一方的に指導することとなり、パワハラが生まれやす
すい素地が形成されます。

　結果として、優位性というパワーに頼った指導が積み重なったり、強
い言動として現れます。それが指導の範囲を超えて、対象者を嫌がらす
ハラスメントとなります。こうなると、職場の心理的な状態が不安定と
なり、園の信頼関係が揺らぎ、保育方針や保育方法にも乱れが生じやす
くなります。

　園長などからすると「なんで早く言ってくれなかったんだ」ということ
があると思いますが、それは言わなかったのではなく、言えなかったの
です。園長が「話しかけづらい人」「こわい人」であれば、「私の気のせい

かもしれない」「面倒だからやめておこう」などとなります。そうなると、園長は適切な状況判断や意思決定ができなくなります。さらに不安になり、指示や命令を強めるという悪循環になりやすいです。

　保育者は同じ園の職員であっても、個々にプロ意識が発揮しやすいかというと、温度差があります。上から下への流れに偏った「タテ社会」である場合もあります。

　暗黙的な上下関係が悪いわけではありませんが、園として成立するには３つの要件があります。それは、①共通の目的、②コミュニケーション、③協働意欲の３つです（図表2-22）。

　まず、共通の目的となる指導理念を立てましょう。ブレにくい指導方針を作って、園長などから現場へブレイクダウンします。「子どもを一緒に笑わせよう」などシンプルな方針でもいいです。そして、園長や主任などがそのときの機嫌や気分、態度で誤解されないように、かかわりをもちます。具体的な指導目標を立て、心身の状態を安定させて「どうかな」「どう思う」「どっちがいいだろう」などと聞きながら、一緒によい指導方

● 図表2-22　組織成立の三要件と指導

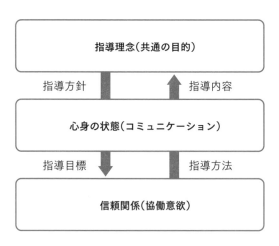

出典：庭本佳和『バーナード経営学の展開―意味と生命を求めて―』（文眞堂、2006年）を参考に筆者作成

法を探しながらフィードバックをすることが、職員にとって身近な指導になります。「とりあえず早くやっておいて」「適当でいいから」「なんでこんなこともわからないの」「今まで何を見てきたの」「口出さないで」といった一方的な指導ではないことがわかると、現場との信頼関係が構築され、協働意欲を引き出すことができます。そうすると、現場から反応が上がりやすくなります。

トキシック・リーダーシップの予防

また、一般的には経験を積めば保育の幅も広がりますが、「トキシック・リーダーシップ」に陥らないように気をつけましょう。トキシックとは「毒」のことです。例えば「私の頃はこうしていた」などと過去と比較したり、「ここはできていない」「まだここもだめ」と重箱の隅をつつくような細かい指導をすることです。

トキシック・リーダーシップを予防するためには、過去（私のとき）の話ではなく、今（相手のとき）や未来（相手が成長したとき）の話に関心をもってすることです。細かい指導をするならば、細かいフィードバックやフォローも行うことです。特に、できるようになったことやよい兆しに敏感に気づいて指摘することが必要です。

その上で、指導法の一つとして、時には目的に基づいてしっかりとしかることも必要です。方針にブレがないかを確認し、効果的な方法をとるためには、次のような問いかけをもちながらかかわり、協働的に指導していきましょう。

指導の目的が相手の成長や変化の場合、よく聴き、言葉をかけてかかわることが必要です。そうすれば方針や方法にブレや迷いがなくなり、一方的な指導ではなく、対話的な指導になっていきます（図表2-23）。

〈４つの問いかけ〉

①指導の目的は何ですか？

②どんな方法がよさそうですか？

③思うような変化が出なかったらどうしますか？

④よい変化があったらどうしますか？

● 図表2-23　結果につながりやすいしかり方

	しかり方	
指導型	一方的指導型	対話的指導型
結果	パワハラと判断されがちで相手を成長させない	パワハラと判断されず相手を成長させる
方法	怒る（自分の感情をぶつける）行為になっている	話す（相手の成長や変化を願う）行為になっている
対象	全部を関連づけたり、仕事以外の部分を中傷する	改善箇所を一点に絞り、ともに改善する姿勢がある
状態	比較したり、見られている状態で繰り返し叱責する	言い分を聴き、褒めたり励ましたりフォローやフィードバックがある

「かかわり足らず」「指導足らず」を解消する

　パワハラは、「かかわり足らず」「指導足らず」が要因となると伝えましたが、それぞれ「足りている」状態になることを考えてみましょう。

　かかわり足らずは、「見守ってもらっている」という感覚です。園長や主任は聖徳太子ではないので、一度に何人もの職員の話を聞き、その言葉を理解して的確な答えを返すことは難しいでしょう。こうした実現可能性の低いかかわりではなく、ちょっとしたことです。

　話を聞くという行為だけを考えても、必ずしも正しい答えを返す必要はありません。ですから、「目を合わせる」「頷く」「相槌を打つ」「感情を確認する」といった傾聴の技術を身につけることが大切です。聴いているときは、自分の考えを分離させて、「うん」「それで」と、どんな話でも

腰を折らず、相手の存在や人格に対する肯定的関心を寄せて（無条件の肯定的関心）、「そうなんだ」「そうだったんだ」「そうだよね」と、相手がそういう気持ちや考えになった状態もあり得るという可能性に共感し、異なる気持ちや考えを積極的に理解します（可能性の共感的理解）。

　この無条件の肯定的関心と可能性の共感的理解が揃うことで、現在から未来軸での具体的な言動に対して、言葉をかけたり指導をします（建設的フィードバック）。

　次に「指導足らず」ですが、これは「フィードバックがもらえる」という感覚です。がんばっても「できたね」「よかった」「もう少し」などフィードバックがないと、一人でがんばりっ放しとなります。

　反対にいえば、フィードバックから入らないほうが、相手はフィードバックを受け止めやすくなります。「何かあれば相談ができる」と思える状態になるので、自分で考えたり行動する自律心が働きます。建設的なフィードバックで「一緒にどうしていこうか」「何か手伝えることはあるかな」など、相手の整理や動機づけとなる質問をすることで、何でもかんでも相談する習慣は変わります。無条件の肯定的関心や可能性の共感的理解があると、相手の状態が理解できるようになり、誘導する質問にはなりにくいものです。自己の力を建設的に引き出し、解決の方向に動きます（図表2-24）。

● 図表2-24　傾聴のスタンス

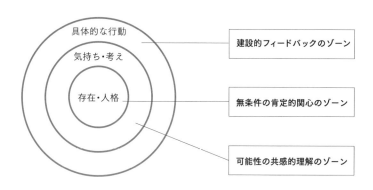

見守りながら聞く姿勢

　保育所で働く職員は、資格の有無や雇用形態、年齢、経験を問わず、子どもと保護者にとっては誰もが先生で、保育士は同じ素養を認められた国家資格者です。保育現場では、目の前に多くの子どもたちがいるものの、マンツーマンでOJT研修（仕事を一緒にしながらの指導）ができるわけではなく、保育者はその場その場でより良い最善（better）を判断し、保育をすることになります。

　発達ざかりで発達過程の異なる子どもたちなので、見立てや計画案をしっかり立てても、予定どおりにはいきません。現場では、驚きや面白さを含めて、想像を超えた偶然（hap）が連続、あるいは同時並行的に起こります。客観的に現場を把握しようとする指導者の「こうすべき」（should）や「こうあるべき」（should be）という思いが食い違い、指導の目線が一方的となり、パワハラとみなされる人為的なエラー（human error）が生まれます。そのため、あるべき姿を説くよりは、見守りながら、聴くプロセスや質問するプロセスを経て、あるべき言動をフィードバックします（図表2-25）。

　そのぶんの労力はかかりますが、結果的に指導者がマネジメントしやすくなり、心理的負担感も次第に和らぎ、生産的になります。

● 図表2-25　保育現場における指導者の目線

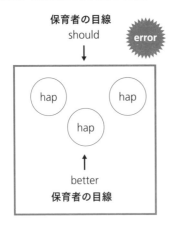

聴くというかかわり方は、問題や課題とされていることが解決するかどうかにかかわらず、効果的なことが多いです。それだけ高度で、相手にとって自身の力を回復させ、力を引き出す、代えがたい支援でもあるからです。このように時間のかかる特別な支援がすべての職員に十分にできるかといえば、現実的には難しいことも多いでしょう。

　傾聴の主体は相手にあるので、聴く側の年齢・経験・雇用形態の違いは関係ありません。トレーニングにより誰でも技術としてできるようになり、「聞き上手」になれます。そのため、リーダーやメンター(客観的な相談役) などが優先的に、最低限の傾聴の技術を身につけ、相互支援することが望ましいです。

｜「快」の感情を生み出す「ストローク」

　次に、かかわり不足による「不快」な状態とならず、個々の心身や職場の状態が心地よく、風通しがよいと感じられる「快」の状態(心理的安全性)を生み出すマネジメントを考えてみましょう。保育専門職のうれしさ、楽しさといった心身が「快」となる感情の働きに着目した対人支援技術(プレジャーマネジメント)の一例を紹介します。

　ストロークとは、自分や相手の存在を感じることで生まれる言語・非言語による働きかけを指します。ストロークは「心の栄養素」となる働きがあるため、継続的に行うと、職場の存在を肯定的に認知することができるようになります。

　例えば言語的ストロークは、「ありがとう」「助かったよ」「よかったね」「いいな」「できたね」「がんばった」など、日常の保育で子どもたちに使っている「言語表現力」です。非言語的ストロークは、微笑んだりする笑顔、目を合わせるアイコンタクト、ペースを合わせてうなずくといった「表情表現力」、お腹や身体を相手に向ける、座って落ち着く、手を膝に置く、肩の力を抜く、見守る、しっかり待つといった態度での「態度表現力」など

が代表です。

聴くという行為にはストロークがたくさん含まれることになるため、相手はスッキリしたり、自らの課題に向き合い解決への動機づけとなります。

ストロークにはお金も時間もかかりません。「おはよう」という挨拶を例に出すと、それが「当たり前」「普通」「常識」の日課・作業になることで、自分や相手の心に届くストロークではなくなります。職場や家族など、同質性をもつ身近な存在ほど、継続的に出さないと、ストロークとして表現する力は落ちていきます。

ストロークが出せなかったり、受け取れなくなるのは、バイアスがかかりやすいためです（ストローク経済の法則）。心当たりがないかチェックし、今まで無意識だったことを頭の片隅から意識できるようにして、自分や相手がうれしいと「快」の感情を感じられるように、ストロークを交換していきましょう（図表2-26）。

保育現場で迷ったら、子どもの姿をお手本にしてみましょう。ストロークの練習だと思って、子どもと「お手合わせ」してみます。何のバイアスもかからず、無邪気にストロークを交換している姿から学ぶことができるでしょう。

● 図表2-26　ストロークとバイアスの関係

ストローク	無意識のバイアス	具体的な言動の例	バイアスを緩めるアローワー
相手へ	スポイル・バイアス	「甘やかしちゃいけない」	存分に与えてもいい
相手から	エンバランス・バイアス	「恥ずかしいことだ」	存分に求めてもいい
	ヒューミリティ・バイアス	「謙遜したほうがいい」	堂々と受け取っていい
	アンリヒューズ・バイアス	「受け取らないといけない」	堂々と断っていい
自分へ	オーバーセルフ・バイアス	「自分に甘いといけない」	自分で調子にのっていい

ストローク等によりかかわり不足が解消されると、よほど悪意のある言動か突発的な失言以外は、すぐにパワハラとはなりにくくなります。なぜならば、土台となる信頼関係が強固になるためです。

　ストロークを人間関係の潤滑油として、さまざまな違いを受け止め合える「OK-OK」の関係性から、存在を認め合おうとする承認意欲や、お互いの役に立ちたいという協働意欲が生まれます。そのうえで、しかる・ほめるが、相手にとって有効な指導になり、指導足らずも自ずと解消されやすくなるのです。

　例えば、信頼している人から「あなたらしくない。ちゃんとしなさい」などと一方的にしかられたとき、嫌な気持ちはせず、むしろうれしいと思えることがあるのではないでしょうか。技術的な指導方法を積み上げていくうえでも、まずはお互いがニュートラルな状態に戻れるように、ストロークを使っていきましょう。相手や過去は変えられないので、自分から相手をわかろうとして、繰り返しストロークを使うことです。「何か言わないと不安」「もどかしくてイライラする」といった「不快」な状態から、「どう成長していくか楽しみ」「気にかけてくれるのはうれしい」といったお互いが「快」の状態になるように整えることで、結果として「指導足らず」は大きく改善されます（図表2-27）。

● 図表2-27　人間関係の構図

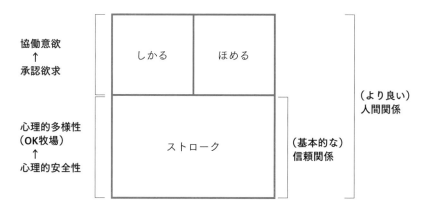

協働意欲
↑
承認欲求

心理的多様性
（OK牧場）
↑
心理的安全性

しかる　ほめる

ストローク

（より良い）
人間関係

（基本的な）
信頼関係

正確・精密にほめる「プリサイスプレイス」

　次に、「ほめる」ことを考えます。しかることと同じく、「なかなかほめられない」「どこをどうほめたらよいかわからない」など、ほめることに難しさを感じる職員は多いです。ほめるとは、おだてる、ちやほやする、ごまをするといった技術ではありません。

　そこで、保育専門職のうれしさ、楽しさといった心身が「快」となる感情の働きに着目した対人支援技術（プレジャーマネジメント）のうち、正確かつ精密にほめる「プリサイスプレイス」が有効的です。プリサイスプレイスは、よい面を持ち上げて伸ばすより、ありのままの事実を伝えて相手の気持ちに共鳴しながら応援する技術です。よい面は常に存在するので、常にほめるのは難しいものです。対して、ほめるチャンスはどこにでもあります。プリサイスプレイスの主なポイントは、次の4つです。
○素質ではなく行動を正確にとらえる
○些細な事実や変化を精密にとらえる
○はっきりとすぐに、心から伝える
○感謝と区別して、できたことを伝える

　プリサイスプレイスは、パワハラを恐れて指導をすることがつらく感じたり、指導されることが窮屈に感じるときに有効です。事実を伝えることは、行動に着目することになります。相手は、自分ではわからない自身の歩みや軌跡を確認してうれしさを味わうことができ、現在の地点を自分で確認しながら自信をつけていくことができます（図表2-28）。

　ある園の主任は、不可解な新卒者の育成に悩み、以前は声を荒げることがあったそうです。新卒者も気持ちが離れ、離職が予定されていましたが、今ではまるで親子のような絆が生まれています。

　といっても、時間を使って特別なことをしていたわけではありません。園内で見かけたときや朝や夕方に話を聞き、その際、気づいたことなどに

対して繰り返しプリサイスプレイスを入れていたそうです。

　保育は心身の発達や非認知能力等の育ちを支援する仕事なので、問題や未成熟な点に着目するのではなく、成長していることに着目する必要があります。「さっきよりよかった」「こんなことができていた」など、細かい単位で育ちを見出すことができる力が、大きな育ちを引き出します。保育にも通じる技術なので、子どもたちに実施しながら慣れ、職員間で実施していくこともできます。　　　　　　　　　　　　　　　　　　　　🚫

● 図表2-28　プリサイスプレイスで行動と自信を強化する

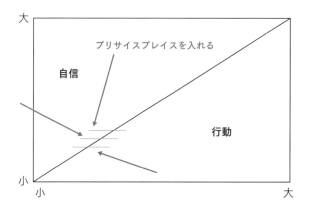

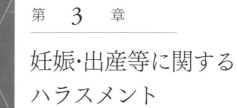

第 3 章

妊娠・出産等に関する
ハラスメント

妊娠・出産等に関する
ハラスメントとは

他者への支援を妨げる「マタハラ」

妊娠や出産「等」に関するハラスメントは、「ライフイベントに関するハラスメント」と考えると理解しやすいと思います。生まれる前から亡くなるまで、ライフキャリア（人生のキャリア）の中で、自分以外の命にかかわるライフイベント（人生の行事）は、誰しも何らかの形で関係します。そこでは、保育者がケアを必要とする場面があります。

その代表が、妊娠や出産（不妊治療を含む）、育児、介護に関する事柄です。これらは保育と両立できるように制度や社会保障が設計・改正されていきますが、そこに支障をきたすのが妊娠・出産等に関するハラスメントです。「マタハラ」や、男性の育児はパタニティ（父性）ハラスメントを略して「パタハラ」、介護は「ケアハラ」などともいわれます。

ここでは、対象者のライフキャリアを阻害し、他者への支援を妨げる行為として「ライフハラスメント」と総称します。

ライフハラスメントは結婚の段階から

職員のライフイベントに関しては、妊娠・出産時（不妊治療を含む）を含むのみならず、復職後まで一貫して両立できるように支援する必要があります。結婚の段階からも配慮が必要です。結婚については、法律的な休暇、休業などの定めはなく、法定の枠を越えた広義の解釈のようですが、実際はこの段階からライフハラスメントが進んでいることがあります。

例えば「お付き合いしている人はいるの？」「結婚の予定は？」など気軽

にやりとりすることはありませんか。冗談や世間話のようにされるときもありますが、「結婚はもうちょっと待ってね」「結婚なんてしないわよね」など、黙示の指示により黙示の合意を促しているケースもあります。

　男女を問わず、結婚等（不妊治療を含む）を含むによるライフスタイルの変化により、変則的なシフトや残業が難しくなることがあります。出産・育児の「リスク」を想定し、「クラス運営やリーダー育成に少なからず支障が出る」など、悪気なく口にされる園長もみかけます。話を聞くと、「結婚しなかったのは私のせいだ」と悔やまれる園長もいました。

　現在、保育者不足は深刻で、保育者が離れれば園の体制や配置基準にも影響が出るでしょう。「将来はリーダーになって、園を引っぱってほしい」など、期待される保育者であればなおさらです。「結婚によって一時的に保育者が不足するのではないか」という心配もわかります。

保育者の子育てを支援する園に

　妊娠・出産に限らず、ライフイベントには個々の人生観が反映されます。その人生観は、時の流れや相手等により変わることもあるでしょう。本人がその際、自分で考えて選択できる状態にあったのかどうかが大切です。園では、不妊治療・妊娠・出産・育児が身近なことが多いです。

　保育者になる人は、子どもが好きで子どもに理解・関心が深いことでしょう。「園の子どもは全員がわが子同然」と思う保育者もいれば、「ぜひ自分の子どもを育ててみたい」と願う保育者もいるでしょう。どちらにせよ「うちの園は保育者自身の子育てを気持ちよく支援してくれない

かもしれない」という状態は、職員を不安な気持ちにさせるものです。

　立派な保育者になるという夢と、もう一つの長期的な夢である自分の子どもや家庭に理解がない園で、果たして保育者が働き続けたいと思うでしょうか。ライフイベントに関することは、離職を誘発し、復職を妨げる理由の常に上位に位置しています。

周囲の理解が得にくい「介護」

　ライフイベントのうち、職場に相談もできずにあきらめの気持ちが先に立ち、理由を話さないことが多いのが、介護に関する事柄です。

　少子高齢化社会において、介護は社会的な課題となっています。何より、身近な親の介護に関して、園にも相談窓口や支援制度が定められていて、仕事の一環として心配なく相談できることを知らずに一人で抱え込み、離職を決断することが多くあります。育児よりも相談しにくく、育児よりも園に理解がなく、多様な状態があるからです。しかし子どもへのケアと同じく、自分の親のケアを両立できないかもしれないと感じさせる職場で、気持ちよく仕事と生活を継続するのは難しいものです。

　保護者支援の過程で親の大切さや難しさがわかるようになるほど、自身の親にいつか恩返ししたいと思うものです。そのため、介護というライフイベントが起こってから対処するのでは遅く、事前の準備が大切です。「介護に関しては前例がない」という園長もいますが、「前例がない」ということで話しにくくするなど、それ自体がハラスメントに該当しないように過去の経験や前例で判断しないようにしましょう。

制度に関する嫌がらせ

　ライフハラスメントは、大きく２つにフレーミング（当てはめ作業）することができます。１つは、「制度に関する嫌がらせ」です。園独自の制度の有無以前に、社会保障制度があり健康保険、介護保険、雇用保険などの法定の制度があることを知らなかったり、知っていても周知が不徹底で使いづらくしていることです。

　園の制度や方針などをきちんと知らされていないこともあり、園長や主任、ベテラン職員など「上」からだけでなく、同僚や後輩などから行われることも多いです。

　例えば「今、育休を取得されたら困る」「順番でとってもらっている」「育休をとるとボーナスは出ない」「復職後は、シフトに入れないと正職員にできない」「介護はまだ想像できない」などです。これらは、「うちの園はまだ大丈夫」「男だからわからない」「そのときに考える」といった「セルフ・コンシート」（慢心）や「わかるけど仕事はちゃんとしてほしい」といった多忙感などによる「ノールーム」（余裕のなさ）が根本にあります。職員の子どもや親に関しては、未知でもあるでしょう。ただし、職員に関することや、職員が利用できる制度を知らない・周知していないでは、最近の制度にアップデートされてなく「準備足らず」となります。業務上できる準備やしなければいけない準備があるということです。

　育児であれば、短時間正職員制度や子の看護休暇制度を機能させることです。介護においても、同様の制度があります。それらをまず知ることから始めましょう。そして、職員が身近な家族を支援しやすくするため

に、園としてどのような制度的な準備ができるかを考えていきましょう。

状態に関する嫌がらせ

2つ目は、「状態に関する嫌がらせ」です。不妊治療、妊娠や育児、介護で、家族などにケアが必要な状態の職員に対して、心ない言動をしたり、活躍を阻害することです。園の制度や方針などをきちんと知らされていないこともあり、園長や主任、ベテラン職員など「上」からだけでなく、同僚や後輩などから行われることも多いです。

例えば「入職してすぐ妊娠って、意味がわからない」「妊娠するとシフトが楽になっていいよね」「人が足りないのに仕事は増えて困る」「子どもの発熱とあなたの遅刻は関係ない」「介護っていつ終わるの?」などです。これらは、「私のときはなかった」といった過去の出来事に対する「バッド・ブラッド」(わだかまり)や「なんで私たちだけ」といった「グリーンアイ・モンスター」(やっかみ)が背景にあります。

異質な存在を恐れたり、やっかむことはあるでしょう。忙しいときは余裕がないものです。これらは、本人以外の命の安心や安全に関することです。仕事とは関係ない、家族には興味がないでは「配慮足らず」となります。休業等の状態によって「自分にもそういうことがあった」「これからあるかもしれない」といった、自分の過去や未来に対する配慮です。また「相手も一人で生きているわけではない」「支え合って仕事をしている」といった、相手の家族に対する配慮です。

それらを思い出し、思いやるところから始めましょう。それが安全配慮義務、職場環境保持義務などへの配慮につながります。休業や休暇、

状態に関する嫌がらせ ―配慮足らずー	
（過去の固定観念）　　　　　　　　　　　　　　　　　　　　　（将来への不安感）	
「バッド・ブラッド」（わだかまり） 過去の経験等で多様性を理解しづらい 「あなたのために言っているのよ」 「やめといたほうがいい」「不妊治療するの」 「両立なんて現実はきびしい」	「グリーンアイ・モンスター」（やっかみ） 残ることになる不安等で感情的になる 「自分だけいいな」「こっちは大変」 「不公平でしょ」「特別扱い」 「シフト入れないのに同じ正職員？」
「セルフ・コンシート」（慢心） 最新の法定の制度や社会への関心が低い 「その時になったら考えます」 「介護なんてないし知らない」 「制度とか使っている人いない」	「ノールーム」（余裕のなさ） 過重労働の負担等で変化への許容度が低い 「個人的な甘えは認められない」 「正職員で短時間勤務は厳しい」 「うちでは対応できない」
制度に関する嫌がらせ ―準備足らずー	
（今までの勉強不足）　　　　　　　　　　　　　　　　　　　　（今までの調整不足）	

固定シフト等による負担と、離職や離職に伴う採用・育成等の活動による負担では、どちらが園への信頼や資質の向上に寄与する建設的な取り組みとなるかは明確です。職員の身近な家族などへの感謝の気持ちを表現するために、相手の状態に対してどのような配慮ができるかを考えていきましょう（図表3-1）。

要介護家族をもつ職員の働き方

　ウイルスや天災など外部環境の変化によっても、生き方や働き方は影響を受けます。団塊の世代が75歳以上の後期高齢者になる2025年には、日本は「大介護時代」です。その子どもである40歳から65歳の介護保険に加入（第2号被保険者）しているベテラン職員たちを中心に、両親の介護を担う環境になります。ここで柔軟で多様な働き方が認められ実現できていなければ、大勢の職員が介護離職することになります。

　現代社会では、家族のあり方は実に多様です。個々のライフスタイルや趣味・趣向の違いだけでも容易に想像がつくことでしょう。妊娠・出産等のライフハラスメントを考えるとき、自分自身や身のまわりの家族を標準にした働き方を「ステレオタイプ」にしないことです（図表3-2）。

　ステレオタイプとは、自分自身に浸透した先入観、思い込み、認識、固定観念、レッテル、偏見などの類型化された見方・捉え方を示す用語です。元々はステロ版（鉛版）で印刷物を印刷する印刷技術のことですから、使い方によっては便利な技術です。しかし、ライフキャリアを「型を用いて作られたかのようにまったく同じ」「すでに完成された状態のもの」として扱うと誤解が生じやすいです。家族関係も複雑なものです。法的な根拠に基づく制度の設計は、共通理解のもとでステレオタイプな面があると安心材料になります。一方で、職員を個々に支援する段階では、過去の体験や経験で「判で押したような」「紋切型の」対応とならないように、今の出来事に向き合いながら、必要な準備や配慮を欠かさないようにしましょう（図表3-3）。

● 図表3-2　ライフハラスメントの構図

家族関係
（家族構成、居住地、ライフスタイルなどの多様性）

ステレオタイプ
（自分の体験や見聞きした範囲の経験などで
一方的・紋切型に判断）

ライフハラスメント
（職員や職員の家族の生活や人生に支障が出て
仕事やキャリアに悪影響が生じる）

● 図表3-3　ライフキャリアの年輪を広げる

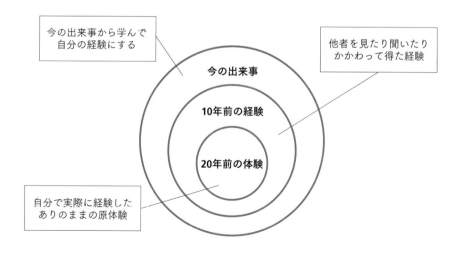

今の出来事から学んで
自分の経験にする

他者を見たり聞いたり
かかわって得た経験

今の出来事

10年前の経験

20年前の体験

自分で実際に経験した
ありのままの原体験

妊娠・出産等に関する ハラスメントの法律

妊娠・出産等に関するハラスメントの定義

　他のハラスメントと同様、妊娠・出産等に関するハラスメントも職員個人で対処できる問題ではなく、職場の雇用管理上の問題としてとらえ、適切な予防処置や対応をとることが必要となります。「妊娠・出産等に関するハラスメント」の定義は、以下のとおりです。

「職場において行われる上司・同僚からの言動（妊娠・出産したこと、育児休業等の利用に関する言動）により、妊娠・出産した女性労働者や育児休業等を申出・取得した男女労働者等の就業環境が害されること」

出典：厚生労働省

　この定義では、「同僚からの言動」が明記されています。ハラスメントは園長からだけではなく、現場に身近なところでも起こっています。「育児休業等」の「等」は、育児休業だけではなく、介護休業、子の看護休暇や介護休暇、短時間制度など、法定で定められている制度は多くあるということです。まずはこれらを知ることから始めましょう（図表3-4）。

職場全体の就業環境に目を配る

　前述の定義では、「男女労働者等」に再度「等」が出てきます。解釈の余地はありますが、「等」とは誰のことでしょうか。雇用形態でいえば、パートタイム職員や派遣職員も対象になります。最初から制度を利用できないと本人が思い込んでいることも多いです。年次有給休暇と同じように、雇用形態が異なるから取得できないという性質のものではありません。職場環境を構成するのは、「妊娠・出産した女性労働者」や「育児休業等を

● 図表3-4　法律で対象とする制度・措置の例

区分	男女雇用機会均等法	育児・介護休業法
休業・休暇	① 産前休業 ② 育児時間	① 育児休業（産後休業含む） ② 介護休業 ③ 子の看護休暇 ④ 介護休暇
措置	① 妊娠中及び出産後の健康管理 　（母性健康管理措置） ② 軽易な業務への転換	① 育児のための所定労働時間短縮 ② 介護のための所定労働時間短縮 ③ 始業・終業時刻の繰り上げ・繰り下げなど
制限	① 変形労働時間制 ② 時間外労働及び休日労働 ③ 危険有害業務の就業	① 所定外労働の制限 ② 時間外労働の制限

● 図表3-5　妊娠・出産・育児・介護等を理由とする不利益取扱いの例

区分	不利益取扱いの例
雇用	① 退職を強要・解雇 ② 期間を定めて雇用される職員の契約の更新をしない ③ 非正規職員等への労働契約内容の変更を強要 ④ 派遣職員の役務の提供を拒む
処遇	① 賞与において不利益な算定 ② 昇給・退職金・年次有給休暇等において不利益な算定 ③ 昇進・昇格等の人事考課において不利益な評価 ④ 減給・降格
環境	① 就業環境を害する言動 ② 不利益な配置の変更

申出・取得した男女労働者」だけではないということです。

　例えば、「うちの園は、育休から復職した実績がないから、たとえ育休を取得しても戻ってこない」という発言があったとき、現在の対象者だけではなく、他の職員や将来の対象者の就業環境まで損ねてしまうということです。そのような園では、育休を取りたいと申し出る前に、「うちの園では取れない」と思われ、結婚や担任の節目等を理由に退職することにもつながります。また、引き継ぎ等をする他の職員にも必要な準備や配慮ができてこそ、対象者は安心して両立ができるようになります。

　「うちはなんとかやっているみたいだから大丈夫」と油断せずに、職場全体の就業環境をみて、現場で起こっていることに注意しましょう（図表3-5）。例えば、図表3-6のような思いや考えはありませんか。知らずに対象者の不利益取り扱いにつながってしまうことがあるので、意識して予防しておきましょう。

　妊娠・出産・育児休業等を理由とする不利益取り扱いは、その事由を「契機として」行われた場合は、原則として法律違反となります（図表3-5）。例外は、業務上の特別の必要性がある場合、客観的に合理的に同意できる内容である場合です。たとえば、本人の強い希望で短時間勤務制度を使用せずにパート職員となる場合も、短時間勤務制度の内容が事前に説明されていて、不利益取り扱いによる「直接的影響」（例：雇用形態の変更）だけでなく、「間接的影響」（例：減給）についても、書面などで説明されていることが必要です。

● 図表3-6　ライフハラスメント予防のためのチェックリスト

区分	不利益取り扱いに影響しやすい思いや考えの例
レッドカード（上司） イエローカード（同僚）	□ 他の人を雇うから、無理して復職しなくてもよいと思う □ 職員が介護休業をとったところで、どうしようもないと思う □ 男性が育休をとったところで、実際は役に立たないと思う □ 賞与は出ないし、しばらく役職から外れて昇給も昇進もしないと思う □ 前例がないし、不妊治療、休業や休暇、短時間勤務はやめてほしい
イエローカード（上司・同僚とも）	□ 早番・遅番などのシフトに入れないと、クラスは任せづらい □ 短時間勤務は困るし、正職員の負担が大きくなって迷惑だ □ 子どもの発熱など、いつ休むかわからないから、もう期待できない □ 人手不足や忙しい時期を避けて休んでほしい □ 育児休業や子の看護休暇、有休が続くと、またかと思う
イエローカード（本人）	□ 育休は当然の権利だから、後のことは職場が全部考えればいい □ 取得できるものは取らないと損だ □ 当事者にならないとわからないと思うから、話すのが面倒 □ 復職するつもりはあまりないけど、とりあえず休んでおこうと思う □ 私一人がいなくても職場は関係なく回るんじゃないかと思う

対象者の気持ちや考えを汲む

　妊娠や育児休業等の制度利用と嫌がらせとなる言動の間に直接的な因果関係があるものが、ハラスメントに該当します。育児や介護等を「理由にして」不利益を与えてはいけないということです。

　例えば「保育者が足りなくなる」「クラスが回らない」等の言動です。一方で、クラス配置等の業務分担や安全配慮等の観点から、客観的にみて「業務上の必要性」に基づく言動によるものは、ハラスメントには該当しません。これには「検診日をずらすことは可能ですか？」「土曜日の

シフトに入れる日はありますか？」「少し予定より早めに復職できそうですか？」等の言動が該当します。

　その違いは、「？」を使っているかどうかです。対象者の話をまずは聞くということです。対象者の気持ちや考えを汲むことが、必要な準備であり、必要な配慮といえます。対象者のライフイベントに関することを、一方的に指示・命令するとハラスメントとなる可能性が高いので注意しましょう。話を聞く際は、日常の中で何気なく聞いてもいいですが、それだけだと漏れがあったり内容にバラつきも出ます。そうすると、話さなければいけない制度や業務が、対象者によって差が出てしまうのです。話を聞く機会や項目、同席者などを定めて実施することをお勧めします。

休業中の連携

　育児に関しては、少なくとも妊娠報告時・産前休業２か月前・育児休業期間中・復職後２か月以内の4回は対象者の話を聞くようにしましょう。特に育児休業期間中は１年以上職場を離れるなど、子どものことはもちろんですが、園の雰囲気なども感じづらくなります。同僚にとっても同じでしょう。復職する頃になると、ためらいや不安も生じやすいものです。双方向的なコミュニケーションがとれるように工夫しましょう。

　例えば、運動会や発表会など行事の際に遊びに来てもらったり、日常的に自由に遊びに来てもらえるように、経験者などにメンター役（気軽な相談者）となってもらうなどです。休業中は保育者というよりは保護者ですから、ちょっとした支援や見守りが必要になることもあるでしょう。

顔が見えれば、お互いに安心するものです。

　無料で使えるテレビ電話等を使って「元気ですか」「がんばってますね」「みんな大きくなったね」など、園に行かなくても連絡をとっている例もあります。母子ともに状態は変化するので、隔月など無理のないペースで実施することがお勧めです。

介護は支援チームを作ることを優先する

　介護に関しては、事前の周知・理解が大切です。「いざとなったら自分の親は自分で介護するしかない」と思い込んでいる職員は多いものです。他の選択肢を知らないことがあります。保育者は子育てに関するプロであって、介護のプロではありません。自分が一人で抱え込んで介護をすると、経済的・身体的・心理的・技術的な負担が増します。

　例えば、介護休業は合計93日間を3回に分割して取得することができます。この休業の取得中にやってほしいことは、介護そのものではなく、例えば、まず専門機関である最寄りの地域包括支援センターを含めた「支援拠点」と連携し、ケアマネジャーなどプロを含めた「支援チーム」を作ることです。対象者は身近な「コーディネート役」になり、チーム内の情報交換や必要な手続きを中心に担当します。折々の電話や業務後、週末の帰省など、対象者の親等を精神面で支えます。介護が必要だからこそ、平時と同じように対象者の元気な姿を見せてあげ、継続的に一定のペースで話をしたり聞いたりしましょう。

　また、いつ介護が必要な状態になるのかは、単純に年齢だけでは判断

できず、予測が立てづらいものです。安易に「介護はまだ大丈夫」と考えていると、実際に介護が必要になったときに準備や配慮が後手に回ることになります。対象者の親等の介護の状態に対する配慮のない同情や、対象者の制度の円滑な利用を損なう言動につながりやすくなります。

　介護も育児と同じように、不利益な取り扱いは禁じられています。身近な判例などの要旨も参考にしながら、園の制度内容を確認し、法令を遵守した最新の状態にして周知するとともに、職場全体のアンケートなどを通じて、介護に関する関心・理解を高め、潜在的な対象者への配慮が滞らないようにしましょう。

現実を見つめ、希望をもつ

　育児（不妊治療を含む）は、思い描いた始まりと終わりがあるわけではなく、思いどおりになるものではありません。育児であれば、1歳、2歳、3歳、就学前、学童期など、それぞれに課題があり、以前と同じような働き方ができず、一度選択した生活と両立した働き方から抜け出せない「マミートラック」に陥っている感覚が生まれるかもしれません。園長や職場の職員も、復職してもいつになったら願うような働き方で働けるのか、不安になることもあるでしょう。

　介護も同様です。介護という現実に直面しても受け止めきれず、いつになったら戻ってくるのかと、先が見えずに不安になることもあるでしょう。ライフイベントは、振り返れば終わりがあるものですが、渦中にいると、それがいつかはわからない難しさがあります。

参考になる一つの考え方に、「ストックデールの逆説」があります。兵士だったジェームズ・ストックデールは、8年におよぶ捕虜生活と拷問に堪え抜き、見事に帰還しました。一方で、「クリスマスまでには出られる。復活祭までには出られる。感謝祭までには出られる。次のクリスマスまでには出られる」と考えた他の兵士は、その都度失望し、帰還することができませんでした。

　ストックデールは悲観的な現実をもとに、「すぐには出るのは厳しいけれど、いつかは必ず出られる。人生の決定的な出来事に対して、あれほど貴重な体験はなかったと言える日がくる」と思うことで、肯定的な未来を現実のものとしました。最後には必ず願う世界に抜け出られるという肯定的な確信をもち、自分がおかれている現実で一番厳しい事実を直視しながら、準備を続けることが秘訣だとしたのです。

　仕事と生活の両立は、苦労や苦難の連続のように感じるかもしれません。必要な準備や配慮をして見守る園長にしても、向き合う本人にしても「いつになったら」とあせり、不確かな区切りをつけてみても、そのとおりにならないこともあるでしょう。

　そこで、「いつかは」と楽観的に構想し、「忙しい毎日が続く」などと悲観的に計画し、「できることをしよう」と楽観的に行動してみましょう。そうすると、その過程で思いがけない子育ての喜びや楽しさ、介護での思いやりや感謝などを味わう余裕が生まれ、「肯定的な確信」を強くもつことができます。自分が望むライフキャリアを思い描いて、見通しの立てづらい計画の中でも、ライフイベントをかけがえのないものとしていきましょう。　　　　　　　　　　　　　　　　　　　　🚫

3

妊娠・出産等に関する
ハラスメントの予防

お互いさま・おかげさまの心もち

　「指導」とパワーハラスメントが異なるように、「準備」や「配慮」とライフハラスメントは異なります。妊娠・出産・育児・介護などのライフイベントに関する準備や配慮のための言動かどうかで考えましょう。育児・介護等の制度に関する準備を阻害したり、育児・介護等（不妊治療を含む）の状態に関する配慮を欠乏させる言動がライフハラスメントです。いずれも業務上必要性のない言動です。

　留意点として、ライフハラスメントの場合、制度や配慮を「当たり前」とすることは必要ですが、職場では「お互いさま」、対象者にとっては「おかげさま」とすることが大切です。事業者や同僚には、制度を周知して配慮することが求められますが、育休などの対象者を「応援する側」だけではなく、育休などを「使う側」に、制度の活用にあたって引き継ぎなどの準備や周囲への配慮があることが望ましいことも、事前に伝えておきましょう。

　これは、「ありがとう」「助かるよ」「ごめんね」など何でもいいのです。対象者の引き継ぎなどの準備がわかり、忙しくなる状態への配慮がわかれば、「私もがんばろう」というモチベーションにもなります。そうでなければ、「お互いさま」となりにくく、職場も「なんで私が」「しょうがない」といったあきらめが出やすく、次第に無関心になることがあります。そうなると、ガスが充満するように「あの人が復帰するなら私は辞めます」など不満が表面化します。さらなるハラスメントを誘発しやすくなったり、対象者にとっても不幸な状態となります。

双方向から話し合いができる環境を心がける

　例えば、最初は妊娠の報告を職場で喜び合っていたけれど、その喜びが長く続かなかった例です。「定時になると、忙しいとか関係なく堂々と帰る」ので、そのぶんの業務を「何とかまわしている状態で、有休をとりたい日もとれない」とこぼしながら、他のクラス担任をはじめ、リーダーやパート職員がカバーしていました。そこで、園長が代表して「まわりの人たちにもっと気を使って仕事をするように」「みんながんばってフォローしているんだから」などと話しました。その後、一緒にクラス担任をしていた職員に、「経験していない人にはわからないわよ」「こっちは時間がないの」「子どもができたらあなたもわかるわよ」と強くあたるようになり、「逆マタハラを受けている」「一緒に働きたくない」と涙ながらの相談となりました。

　この例からも、特に園長や主任には、なりゆき任せとならないように、制度に関する準備と状態に関する配慮が必要だったことがわかります。職員会議等で話すことも必要ですが、聞くことを中心にした個別面談やグループ面談を節目に行うなど、常に双方向から話し合いができる環境を心がけましょう。

＜制度に関する準備＞
① 職　　場：最新の法定や職場の制度に関する理解・周知のリピート
② 対象者：制度の活用予定の確認・対象者に対するフィードバック
③ 同　　僚：制度の活用予定の周知・同僚に対するフィードバック

＜状態に関する配慮＞

① 職　　場：最新の周囲や職場の状態に関する理解・周知のリピート

② 対象者：仕事や生活の状態の確認、同僚に関するアドバイス

③ 同　　僚：仕事や生活の状態の確認、対象者に関するアドバイス

ウィズ・シッティングテスト

　ここで、ライフハラスメントを予防する技術の一例として、ロールプレイなどでも有効な、「ウィズ・シッティングテスト」（同席テスト）を紹介します（図表3-7）。必要な準備や配慮をするにあたって、対象者と話や面談をすることになります。その際に「同席者」がいると思ってください。例えば、妊娠であれば、これから生まれる「子ども」に、介護であればこれまで対象者を支えてくれた「親」に、実際にはいないかもしれないけれど、同席しているつもりで話をしたり聞いたりすることです。同席者がいると話したり聞いたりしづらいことは、言ったり聞いたりしないということです。

　単純ですが、見えない相手を想像できるようになると、自ずと言動もその相手を意識したものになってきます。具体的には、対象者の家族などを通した会話を、心地よくできる範囲で行います。過去の苦労した思い出や感謝、今、保育者をしていることの喜び、将来への夢など、肯定的な感情がわく質問をして、望ましい状態が設定できるようにします。

　例えば、図表3-8のプロセスで行う場合です。まずは「イメージ像の設定」です。子どもであれば子ども、親であれば親の話をします。次に「対象

者への問いかけ」です。子どもや親がいたら、対象者にどのように声をかけるかを一緒に想像します。最後は「ライフキャリアの構築」です。これからキャリアを踏み出していくことを応援します。子どもであれば、「小さい頃どんな子どもだったの」「これから生まれる子どもが隣にいたら、お母さんになんて言うだろう」「生まれてくる子どもにどんな言葉を返して、どんな姿を見せたい」などです。

　親であれば、「どんなお母さんだったのか、昔の話を聞かせて」「そのときのお母さんがいたら、どんな言葉をかけるだろう」「そのときのお母さんにどんな言葉を返して、どんな姿を見せたい」などです。

　ライフイベントを見守り、対象者のライフキャリアを対象者の家族と一緒に応援する姿勢が、対象者の家族を中心とした信頼関係を深める機会となります。

● 図表3-7　ウィズ・シッティングテストの例

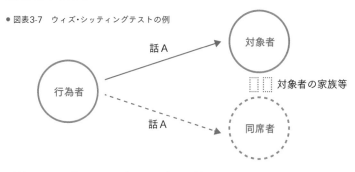

● 図表3-8　ウィズ・シッティングテストのプロセス例

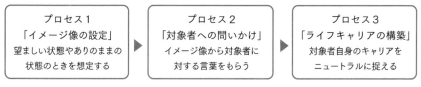

4
妊娠・出産等に関する
ハラスメントに該当しない例

該当する・しないの線引きは？

　お伝えしたとおり、制度に関する嫌がらせは「準備足らず」が誘因となり、状態に関する嫌がらせは「配慮足らず」が遠因となります。そのため、ライフハラスメントになる・ならないという線引きは、①必要な準備をするため、もしくは②必要な配慮をするためかどうかです。ライフハラスメントに該当するか否かのフレーミングをする際は、業務上の準備や配慮か、そうでないかです（図表3-9）。

　例えば、「介護と仕事の両立に関するアンケートに協力してほしい」はどうでしょうか。制度利用を阻害していない場合は、業務上必要な準備といえます。よくあるケースとして「育休からの復帰時期を、新年度にあわせて3月か4月にしてほしい」ということがあります。このとき「途中で復職されても扱いに困るから、4月にしてください」と指示・命令してはいけません。事業者としての要望なので、一方的に聞こえないように「相談」をしてください。「話し言葉足らず」「聞き言葉足らず」にならないように、きちんと事情を伝え、相手の事情も丁寧に聞くということです。

　「復帰後は、勘を取り戻しながら徐々に調子を上げていけばいいよ」はどうでしょうか。人間関係等から疎外しているわけではない際は、業務上必要な配慮といえます。他には「早番・遅番もできないみたいだし、体調が悪いなら無理してこないでほしい」などということがあります。このとき「そんなに具合が悪いならば、有給を取りなさい」などと指示・命令してはいけません。年次有給休暇は本人の権利です。また、具合が悪

● 図表3-9　ライフハラスメントを予防する両輪

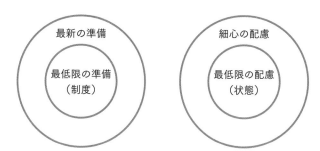

業務上必要となるライン

最新の準備

最低限の準備
（制度）

細心の配慮

最低限の配慮
（状態）

そうだから一方的に休ませると、休業手当も必要になります。

　対象者には、体調だけでなく、クラスの引き継ぎなどの心配もあるものです。ここでも一方的に聞こえないように、「具合が悪そうだけど大丈夫？クラスのことは心配しなくていいから一緒に勤務を調整していこうか？」などと「相談」をしてください。相談というのは、相手にも考える機会を与え、最終的には相手が自ら選択できるようにすることです。

　このように、ライフハラスメントにおいては、たとえ同じ結果になっても、プロセスにおけるかかわり次第で、「人でなし」と思われて「悲しい」「あり得ない」と感じられるか、「人の気持ちがわかる」と思われて「やさしい」「ありがたい」と感じられるか分かれます。

　園の設置・運営は短期的な事業ではなく、子どもや職員の生活と一体的に営まれています。地域の子育て支援や福祉の拠点であり、ライフラインになるものです。法定どおりに合理的に考えれば、同じ結果になるわけですから、不要なトラブルや不協和音を予防しましょう。

第 4 章

セクシュアル
ハラスメント

1

セクシュアルハラスメントとは

園でも横行している「性」に関する嫌がらせ

　男女雇用機会均等法では、セクシャルハラスメント（以下、セクハラ）に関する雇用管理上の措置を次のように定義しています。

「事業主は、職場において行われる性的な言動に対するその雇用する労働者の対応により当該労働者がその労働条件につき不利益を受け、又は当該性的な言動により当該労働者の就業環境が害されることのないよう、当該労働者からの相談に応じ、適切に対応するために必要な体制の整備その他雇用管理上必要な措置を講じなければならない。」

　同法に基づく厚生労働省の指針では、前段の「職場において行われる性的な言動に対するその雇用する労働者の対応により当該労働者がその労働条件につき不利益を受け」を、「対価型セクシュアルハラスメント」としています。意に反する性的な言動をしたら、断ったりされたので、だから不利益になるようにしっぺ返しをした、といったことです。

　また、後段の「当該性的な言動により当該労働者の就業環境が害されること」を、「環境型セクシュアルハラスメント」としています。意に反する性的な言動をしたら、職場環境が不快なものとなり、仕事がしづらくなり支障が生じた、といったことです（図表4-1）。

● 図表4-1　セクハラの2類型の例

構成要因	パターン①「対価型」	パターン②「環境型」
事実①	性的な言動	性的な言動
事実②	嫌がったり断ったりした	雰囲気や気分が悪くなった
事実③	嫌がらせや八つ当たりをした	仕事がやりづらくなった

セクハラは、その背景に性別役割分担意識（性別を理由に固定的に役割を分ける）、性別規範意識（性別による理想や規範を描く）、性的志向（好きになる性。個人の性的な感情や関心）、性自認（心の性。自分の性別への認識）の違いがあります。都道府県労働局雇用環境・均等部（室）に寄せられる男女雇用機会均等法に関する相談の約半数は、セクハラが占めます。園では少ないように感じるかもしれませんが、実際には性別に偏りがあるなど「同質性」が高く、横行しています。

　性別に関する固定観念の問題として、社会的・文化的につくられる性別（ジェンダー）の多様性が問われています。ジェンダーとは、生物学的な性別に対して、社会通念上の男性と女性の役割の違いによって生まれる性別のことです。この性区別・性役割をもとに、あるべき言動をとるよう圧力をかけるハラスメントを「ジェンダーハラスメント」と呼ぶことがあります（ジェンハラ）。

　過去には、身体的性別と性的志向、性自認が同じで、異性を愛することが「普通」「常識」「当たり前」であるとされてきました。人権や差別の問題として、すべての人がもつ属性である「SOGI」（ソジ）に関する適切な理解の必要性も高まっています。SOGIとは、性的志向（sexual orientation）と性自認（gender identity）の頭文字をとった略称です。異性愛の人なども含め、すべての人がもつ属性になります。LGBTQ（レズビアン、ゲイ、バイセクシャル、トランスジェンダー、クエスチョニングの頭文字をとった略称）の人がもつ属性も含まれます。性のあり方への無理解・無関心による偏見的な言動を「ソジハラスメント」と呼ぶことがあります（ソジハラ、図表4-2）。

● 図表4-2　セクシャルハラスメントの素因

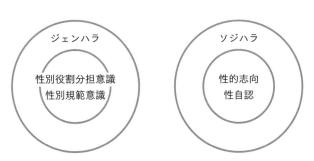

セクシャルハラスメント

ジェンハラ

性別役割分担意識
性別規範意識

ソジハラ

性的志向
性自認

　またセクハラは、男性、女性にかかわらず行われます。一般的には、男性から女性にというイメージのとおりですが、主任などの影響力のある女性が、知らずのうちに猛威を振るっている場合もあります。つまり女性同士、または女性から男性もありえます。それは、「性」に関する嫌がらせと考えると、わかりやすいでしょう。性とは「うまれつきの性質や容易に代えがたい性質」のことです。

　例えば、「太っている」という状態は容易に代えられることでしょうか。代えられないことであれば「やせないとおやつをぬく」という発言は、不適切な言動となります。仮に、日常の保育への支障や健康診断などで医師の判断を受けて、業務上の安全配慮や健康上の心配などで指導しなければならない場合も、「話し言葉足らず」ということになります。相手の気持ちや考えを聞いていない場合は、「聞き言葉足らず」になります。単純な見た目だけではなく、性差は同性でも異性でも多様にある

わけですが、その差に対して嫌がらせをすることがセクハラというわけです。

　このセクハラは、大きく2つのタイプに分けて考えることができます。断ると不利益な条件をつきつけたりおどしたりする「対価型セクハラ」と、繰り返し状態的に行われることで職場の環境を嫌な状態にする「環境型セクハラ」です。次節から一つずつみていきましょう。　　　　　⊘

2 対価型セクハラ

客観的にみて、不利益を受ける状態

　まずは「対価型セクハラ」です。厚生労働省の「事業主が職場における性的な言動に起因する問題に関して雇用管理上配慮すべき事項についての指針」の解説では、次のように説明しています。

「労働者の意に反する性的な言動に対する労働者の対応（拒否や抵抗）により、その労働者が解雇、降格、減給、労働契約の更新拒否、昇進・昇格の対象から除外、客観的に見て不利益な配置転換などの不利益を受けることであって、その状況は多様である」

　つまり、対価型セクハラとなるフレーミング（当てはめ作業）は、以下の3要件となります。
① ある職員に性的な言動が行われた
② その職員が何らかの対応（無反応を含む）をした
③ その職員が自分がした対応により不利益な扱いを受けた

● 図表4-3　「対価型チェックリスト10」の例

チェック ☑	言動の例	対価の例（応じないと…）
□1	交際歴や交友関係を問う	
□2	連絡先を聞き出し勝手に交際を迫る	根も葉もない噂を流す
□3	仕事と関係ないデートや飲み会に誘う	特定のシフトを押し付ける 特定の役割を押し付ける
□4	結婚や子どもはまだなのか聞く	賞与などを減らされる
□5	容姿を変えるように迫る	有休をとる権利が認められない
□6	男／女だから〜と要求する	クラス担任や役職を外す
□7	年だから／若いから〜と要求する	正職員にしない、異動させる 業務に必要な情報が来ない
□8	髪型や服装や化粧の好みを押し付ける	無視する
□9	手や肩や背中などに触れようとする	さらにエスカレートする
□10	性的な好みに言及したり当てさせる	

例えば、図表4-3に示されていることはありませんか。図表を参考に、自園で考えられるリストにバージョンアップしてみましょう。

断りづらい言動や同調圧力

　対価型セクハラは、身体を触る、卑猥な言葉を言うなどの露骨なものより、暗黙のうちに「空気を読みなさい」といった同調圧力をかけたり狡猾なケースが多く、注意が必要です。はっきりと嫌だと断れる内容ではなく、何となく疑問に思ったまま繰り返されてしまうことが多いからです。

　例えば、「ホモでしょ」などとからかわれて「そういうのやめてください」と断った際です。その後、保育内容について「リボンづくりを取り入れたい」とクラスリーダーに意見をしたら、「男のくせにわかったようなことをいわないください」と一蹴されました。その後、指導計画の話し合いに加われなくなり、説明がないままリボンづくりもなくなりました。

　また、園長同士のアルコールが入った飲食の場に、「君の役にも立つだろうから」といわれて参加を促される場合です。嫌だったら嫌ですと言うなど、しっかり断れるでしょうか。さらに「仕事に必要な話が出るし、後で残業もつけておくよ」「来ないと君が損するよ」と言われました。個別に園外の会合の誘いを受けている時点で、周りの職員の目もあります。断っても断らなくても、お互いに気持ちのよい状態でいられるでしょうか。　　　　　　　　　　　　　　　　　　　　◐

環境型セクハラ

理由ははっきりしないものの、居心地の悪い環境

次に「環境型セクハラ」を見てみましょう。厚生労働省の「事業主が職場における性的な言動に起因する問題に関して雇用管理上配慮すべき事項についての指針」の解説では、次のように説明しています。

「労働者の意に反する性的な言動により労働者の就業環境が不快なものとなったため、能力の発揮に重大な悪影響が生じるなど、その労働者が就業するうえで看過できない程度の支障が生じることであって、その状況は多様である」

つまり、環境型セクハラとなるフレーミング（当てはめ作業）は、以下の3要件です。
① ある職員に性的な言動が行われた
② その職員の職場環境が不快になった
③ その職員（他の職員含む）が働きにくくなった

職場を「快」にする笑い

何だかわからないけれど、気持ちのよくない職場というものがあります。耳を澄ますと、「ユーモア」と相手に対する「いじり」を混合しているケースがあることに気づくでしょう。たとえば、髪を後ろでたばねている職員に対して、「いいおでこしてるよね、頭いいでしょ」はユーモアでしょうか。職場の万人に通じるものかというと、そうではないでしょう。

「ユーモア」と自分に対する「自虐」を混合しているケースもあります。「男なんてしょうがない」「結婚は地獄」「結婚してもよくて最初の1年

● 図表4-4　職場で望まれる環境を不快にしない笑いの次元

快	＜高次元＞ 気づき・やる気・やりがい ↑ うれしさ 聞いている人も笑えるOK-OKの状態 （誰も傷つかないし何も失わない）	ディスカウントすることで笑う （自分や相手を無意識に傷つける） ↓ 悲しさ 不安・落ち込み・自信や信頼の喪失 ＜低次元＞	不快

間」など、経験談を話す職員がいます。婚姻生活に向き合っている職員や、結婚や家庭に憧れをもつ職員もいます。場を和まそうとしているととらえて一部では笑いも起こっていますが、みんなが笑える職場に必要なユーモアでしょうか。自分にとっても、自身を傷つけないユーモアとなるでしょうか。

一時的には「笑い」が起こるかもしれませんが、その笑いは本質的な喜びや楽しさを伴うものとはほど遠く、直接的な一次対象者や間接的な二次対象者、ときには自分自身を傷つけてはいないでしょうか。下ネタなども同様です。性の悩みは人それぞれで、繊細でデリケートです。笑いの対象にしやすい話題かもしれませんが、保育や仕事においては関係ありません。業務上適切で必要なユーモアとはいえず、職場の環境が悪くなり、働きにくくなるということです。笑顔が見たいと思って、軽口などで落とし込んで違いや一体感を出したり、ギャクなどで緊張を緩和させたりすることが、悪いわけではありません。「川柳」でも、風刺や批評となる見方をする「うがち」や、スッキリとしたリズムの「かるみ」があって、自然な笑いを誘う「おかしみ」が生まれます（図表4-4）。

一方で、職場は目的をもって働こうとする相手がいます。笑いを誘う方法や比重が偏ってしまうと、愛想笑いや苦笑いとなり、ハラスメントになってしまいます。ときには理解・共感をするため、自分の失敗談などを伝えて相手の目線まで落とし込んだり、挨拶や天気などの会話で緊張を緩和することで、笑顔を引き出すこともあるでしょう。

　不器用や不用意で生まれるハラスメントを予防するためにも、子どものしぐさやほほえましい表情、大人では考えもしなかった言葉を共有したり、職員や保護者のふとした言動を伝え合う習慣を大切にすることです。ハッとしてうれしくなる意外性の含まれた笑いが、自然に生まれてきます。保育者や保護者のやりがいに気づくことができる笑いを意識して、職員同士の笑顔がある環境を目指していきましょう（図表4-5）。

　本人の価値観に「任せる」として、放任と無視を混合しているケースもよく見かけます。例えば、過度な髪型や露出の多い服装、不衛生な身体をしている職員は、職場の環境を悪化させている可能性があります。その状態を本人の好みに任せたまま、放任や無視をすることは、適切な風通しがなくなり、閉塞感や圧迫感を醸成し環境を悪化させる言動です。

　さらに、「私はみんなに同じことをしているから大丈夫」「陰キャ（コミュニケーション能力が低い）より陽キャ（コミュニケーション能力が高い）」「自分のキャラもあるしネアカだからね」「お堅いのは苦手」「私は昔の人だからしょうがないのよ」などという園長もいますが、自らがセクハラ風土をもつ園の根源とならないように気をつけましょう。

● 図表4-5　笑顔の3要素

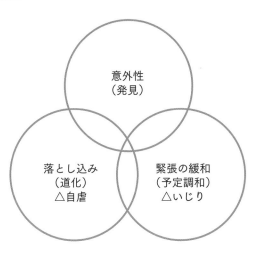

4
セクシュアルハラスメントの
予防 ①

普遍的な言動かどうかの振り返り

　職場においてセクハラを予防するために、まずは同じ言動を第三者や年齢・性別の違う他人にもできるかどうか振り返ってみましょう。

　例えば、「髪を切りましたか？」と聞くことが、男性・女性・年齢・役職などに関係なく用いることができますか。保護者にも同じことが言えるのであればOKです。「休みの日はデート？」はどうでしょうか。特定の人にしか用いることができないのであればNGです。「最近きれいですね」はどうですか。「最近」ということは、少し前はどうだったのでしょうか。「きれいですね」ということは、きれいではない人がいるということでしょうか。

　みんなに用いることができないのであれば、職場では控えたほうがよい言動といえます。「最近太った？」「やせたね」なども同じです。太ったときしか言わない人もいますし、やせたときだけしか言わない人もいます。指摘することの意味や理由が適切にいえないのであれば、別のコミュニケーションのとり方を探りましょう。

セクハラの背景となりえる言動

　セクハラの背景となるえる言動には、大きく３つのパターンがあります。共通するのは「一方的」であることです。その結果、「意に反する行為」として判断されます。意に反する行為は、①相手の意向を聞いていない、②相手の意向を聞いているがその意向に反することをしたかのど

ちらかです。

　通常は①が多く、そもそもしっかり話して聞いていない状態で思い込んでいます。住居への「不法侵入」だと考えてみてください。勝手に相手の家に入り込むことはないはずです。すぐに通報されてしまうわけで、相手のパーソナルスペースに入ることの危険性が感じとれるでしょう。

① 勘違いパターン

　自分自身の性的なニュアンスを含んだ冗談やお節介が、関係性や場を和ませたり役に立っていると勘違いしているパターンです。「わが園のアイドルグループです」「給食でしっかり牛乳を飲み続けると色白になるらしい」などといって周囲が反応することで、「ウケている」とさらに勘違いが発展することがあります。「もうそろそろ結婚かな」「男だったら許さないけど、女なら教えてあげる」などの性的なお節介や「昔はやんちゃでブイブイしてた」「モテ期は今でしょう」などの性的な自慢話が、無神経に一方的に展開されることもあります。

　「保育とは関係ない不適切な言動」であることをわかってもらうために、「話にのれなくてごめんなさい」「そういう話は苦手で遠慮しています」と距離を置きます。「子どもとの武勇伝を聞かせてください」「子どもたちにも聞いてもらえる内容でお願いします」など、伝え方を工夫することもあります。不本意なことは「単刀直入で申し訳ないですけれど、そこのところは笑えません」「そのお話を聞く時間は私にはありません」などと伝えてもいいでしょう。

　他の職員は、声を出して注意をした職員が孤立したり不利益な対応を被らないように、「私も気になるときがあります」「誤解を招くかもしれ

ないやりとりはこれを機に封印しましょう」と自分の主張を言葉にしましょう。深刻ではない段階では、全面的に否定して相手を一方的にやっつけたりせずに、相手の気持ちや考えを尊重しながら、自分の主張を伝える練習になります。相手を裸の王様などにしないように、空気を読むなどの理由や圧力で同調しないことが大切です。

② いじりパターン

　相手へのいじりやからかいが繰り返されたり、度が過ぎると、中傷やいじめになります。このことに気づかずに、まるで天気の話をするように「今日もはにかんだ笑顔が最高です」「ハニカミ保育士」「陰キャスマイル」などといって、次第にエスカレートしたり相手を萎縮させます。腹いせを恐れて、対象者からは言いづらいことが多いため、気づいた周囲の職員が指摘しましょう。「それ、セクハラです」と丁寧に言いやすい職場を普段から作っておくこともポイントになります。

　いじる矛先がないなど、「私の話なんて興味ないよね」「聞いてよ。また彼氏とやらかしちゃった」「うちの旦那なんだけど、まじ迷惑」「サイアクなんだけど」「女子力低いし」と、自虐に向かうことがあります。その場合、仕事中は聞いてあげられないことをしっかりと伝えることが基本です。「わかるよ、最近忙しかったもんね」と気持ちに寄り添って落ち着かせてからその場を離れたり、「仕事終わったらちょっと聞かせてね」と時間を区切って見通しを立ててかかわりましょう。相手が情緒不安定なときは、自分から声をかけて見守ったり、業務として聞き役を配置して経過を観察します。

③ 色恋パターン

　相手が自分のことを好きだと感じたり、自分が相手のことを好きかもしれないと、色恋の感覚を職場に持ち込むことです。「さすが園長先生」「見守っています」などの言葉に、色恋の感覚を持ち出さないことです。

　自由恋愛といっても、職場は仕事をする場所です。「個人的な好意」を表現するのにふさわしい場でもありません。「えこひいき」と見られてしまうこともあります。他の職員も子どもたちもいるので、美化して語ることはできないものと心得ましょう。職場での色恋は、相手から振られたり、お付き合いしていても破局するなど、本人同士の利害関係のみならず、職場の風紀に乱れが生じるリスクがあります。職場での恋愛となるわけですから、相談窓口である園長等に相談するなど、職場での道筋を通してから考えましょう。

　また「好きでした」「いい店ができたので行きましょう」など、保護者から個人的に好意を寄せられる例もありますが、丁重に受け止めて気持ちよく断りましょう。一方的なストーカー行為に発展することもあり、通勤中やSNSなどの閲覧者も含めて注意が必要です。後からわかってトラブルにならないように、園長等に報告をすることです。

　相談窓口も、個人だけが担当とならないように、男女2名以上など、性別、年齢、立場などが偏らないように構成します。園長は責任者ですから、相談窓口が健全に機能するよう定期的に研修を実施し、まずは統括に注力します。予防や説明がしやすいように、就業規則や重要事項説明書などに、相談窓口の体制や注意事項を具体的に明記しておくことで、園としての対応方針に漏れやブレがないようにしましょう。

5

セクシュアルハラスメントの
予防 ②

3段階のフレーミング

　ここからは、具体的にセクハラをどのように一つずつ「話し言葉足ら
ず」や「聞き言葉足らず」とならないように、自分自身や相手に問いかけ
て確認しながら、予防すればよいのかという方法論を紹介します。

　セクハラは、3段階のフレーミング（当てはめ作業）で予防します。

① 対象者の「意に反していない」かどうか

② 対象者の「主観を重視している」かどうか

③ 他職員の「平均的な感じ方」かどうか

　まずは、相手に適切に聞かないとわかりません。そもそも「意に反し
ている」かどうか、対象者が言えないような環境では、意に反して繰り
返すことになります。相談窓口の担当者が定期的に確認しながら聞ける
とよいですが、当事者に近いなど話を聞くのに適任ではない場合もあり
ます。この段階では、対象者にとって身近な同僚や対等な立場のベテラ
ン職員など、周囲に一人でも話がしやすい職員がいることが大切です。

　次に、対象者の「主観を重視」していきます。聞くことができた内容
を整理して、対象者に確認をします。もし「気にしすぎ」「言いがかり」
「冤罪」などと感じても、否定も肯定もせずにしっかり主観に共感しま
す。聞いた内容は、園長や相談窓口の担当者と共有してよいか確認をし
ます。対象者の「主観を重視」することになります。対象者の感じ方をあ
る程度踏まえる必要があります。感じ方が極端に偏り「言ったもの勝ち」
のように感じるかもしれず、予防にいたらないこともあるでしょう。

　そこで、最後の「平均的な感じ方」で判断します。対象者が女性であれ

ば「平均的な女性職員の感じ方」を基準にし、対象者が男性であれば「平均的な男性職員の感じ方」を基準にします。行為者や対象者といった当事者だけではなく、わからなければ、いろいろな職員の「意に反していない」かどうか、客観的な感じ方を確認していきます。

　例えば、「頭をポンポンされることはどうですか」と確認すれば、嫌な人もいれば、そうでもない人もいると思います。そこでもう少し具体的に、「とくに好意のない職場の異性から、仕事中に思いがけず頭をポンポンとされたらどうですか」と聞くと、「やる気が出て元気になります」または「何とも思いません」といえる職員は少ないでしょう。「気持ち悪い」と感じるのではないでしょうか。そうやって平均的な感じ方がわかります。

　この「平均的な感じ方」は、「対象者がセクハラだと感じればセクハラ」といった短絡的なものではありません。対象者が行為者の感じ方を否定するためのものでもありません。そこに合理的な理由があるか、誤ったコモンセンス（常識）はないかを考える機会やヒントにするということです。どちらにせよ、不快に思う相手がいることがわかることが大切です。予防にあたっては、どちらが正しいか、勝った負けたの勝負をしたいわけではないので、お互いがそれぞれ不快にならないように、誤解を解くなり改めるなりしていきましょう。

「センターポール」で平均的な感じ方を知る

　「平均的な感じ方」を感じるための方法として、「センターポール」を

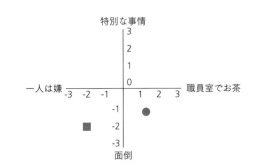

● 図表4-6　センターポールを確認する

自分自身のセンターポール　●印
職場全体のセンターポール　■印

0　何も思わない
1　やや思う
2　そう思う
3　強く思う
（マイナスも同じ）

紹介します。センターポールとは、ある場所の中央で、旗などをかかげるための柱のことです。感覚的には、感じ方と感じ方の拠りどころとなる「大切な雰囲気」という意味があります。

　まず、一つの事柄について2つのことを連想します。紙に、横線と縦線で十字を書いて、目盛りを0から3段階で、上下左右に振ります。左と下の3段階は、便宜的にマイナスを振っておきます。

　例えば、園長から「仕事が終わったらコーヒーを飲みに行きましょう」と言われたら、どのように感じるのかを2つ書きます。「何か特別な事情があるのかもしれない」「仕事終わりは面倒だ」という声が出たら、縦線の上下のどちらかにそれぞれ配置します。そして、自分だったらどちらに感じるのか、3段階の目盛りで伝えます。0は「何も思わない」「どちらともいえない」です。そして、数値を出し合って理由を話し合います（図表4-6）。

　これは、どの数値が正しいかを判定するものではありません。感じ方の背景を確認することが大切です。全員の数値は、平均を出してマークします。

　次に再度同じ事柄について、別の観点から2つのことを連想します。

例えば、「職員室でお茶ならいい」「一人では嫌だ」など、何でもいいです。横線の左右のどちらかに配置して、先ほどと同じことをします。縦線と横線の平均値をクロスさせた箇所が、この事柄に関する「センターポール」になります。

　センターポールから外れたらアウトということではなく、自分自身と職場のセンターポールの違いを把握することが目的です。事柄を話し合ったり振り返るツールとして役立てます。

セクハラのスケール

　次に、セクハラの度合いを測るうえで有効な、職場における「セクシャル・ミスコンダクト」のスケールを紹介します（図表4-7）。

　「ミスコンダクト」とは、科学研究において不品行や不正行為の意味で使われる言葉です。言動がどのスケールに該当するかは、①そのときの状況、②これまでの関係性、③非言語的な表現（口調、態度など）によっても変わります。レベル１の段階で、しっかりと自分や相手を理解するよ

● 図表4-7　セクシャル・ミスコンダクト

スケール	項目	具体的な事例
レベル1	概して日常的な言動	髪型、服装、体型、年齢
レベル2	気まずくさせる	繰り返して言う、男は〜、女は〜と性差を言う
レベル3	侮辱的	性差に鈍感、傲慢な言動
レベル4	極めて侮辱的	性差を意図的に強調する言動
レベル5	明かなSM	下品な言動、身体にふれる言動
レベル6	重大なSM	無理強い、暴行を伴う言動

出典：キャスリーン・ケリー・リアドン『ハーバード・ビジネス・レビュー』2018年8月号を参考に筆者作成

うに努めて、レベル2になったときに自ら気づいたり、気づかせてもらうことで修正できるように、信頼関係を築くことです。

　保育所保育指針では、「保育全般に関わる配慮事項」として「子どもの性差や個人差にも留意しつつ、性別などによる固定的な意識を植え付けることがないようにすること」としています。また、次のように解説をしています。

「保育所において、「こうあるべき」といった固定的なイメージに基づいて子どもの性別などにより対応を変えるなどして、こうした意識を子どもに植え付けたりすることがないようにしなければならない。子どもの性差や個人差を踏まえて環境を整えるとともに、一人一人の子どもの行動を狭めたり、子どもが差別感を味わったりすることがないよう十分に配慮する。子どもが将来、性差や個人差などにより人を差別したり、偏見をもったりすることがないよう、人権に配慮した保育を心がけ、保育士等自らが自己の価値観や言動を省察していくことが必要である。男女共同参画社会の推進とともに、子どもも、職員も、保護者も、一人一人の可能性を伸ばし、自己実現を図っていくことが求められる。」

出典：保育所保育指針解説

　つまり、男女の違いにも配慮が必要とされる園では、セクハラは、子どもにとっても「男の子だから」「女の子だから」と性差による可能性を固定し、もともともって生まれた多様性を閉ざしてしまう弊害があることを理解しておくことが必要です。職業の選択だけでいっても、性別にかかわる採用は差別にあたり、身長・体重・体力などを要件とすることは間接差別となります（男女雇用機会均等法）。それでも実際には、性差による差別はあるでしょう。

　セクハラが幼少期から早期に予防できれば、男女問わず保育者になりたいと憧れる子どもが増えるのではないでしょうか。

セクハラ度のセルフチェック

最後に、自分自身のセクハラ度を10項目で分析してみましょう（図表4-8）。自ら気づくことがねらいなので、自分や相手を責めたりせずに、気軽な気持ちでやることがポイントです。

10項目に全部当てはまる人は少ないと思いますが、1項目チェックが入れば、悪気がなくとも知らずのうちに何らかの形で、セクハラとなって表出してしまう可能性があります。職場では意識的に予防を心がけましょう。　　　　　　　　　　　　　　　　　　　　　　　Ø

● 図表4-8　セクハラ度セルフチェック表

☐	生まれもった容姿や身体的特徴や見た目をあれこれと話題にしやすい
☐	自分や相手には代えられない「性的」な内容で、いじりやからかいで笑いをとりやすい
☐	頭や肩、背中、腰、手など、身体に気軽に触れることをスキンシップだと思っている
☐	「おじさん」「おばさん」「若いんだから」「もう年だから」「私のときは」と口にしやすい
☐	「男のくせに」「女のくせに」「男らしく」「女らしく」と口にしやすい
☐	「結婚の予定は」「子どもの予定は」「2人目は」と話題にしやすい
☐	性的な隠語や「〜に似ている」とたとえを用いたり、羞恥心を煽るような写真などを見せる
☐	性的に含みのあるメールやメッセージを送ったり、電話をかけたりする
☐	断りにくい飲み会や「悩み相談」という名目で仕事に関係しない個別の食事に時間外で誘う
☐	「女性が多いと」「男性がいると」など、悪い環境を性別の理由にしやすい

対象者の労災認定と行為者等の責任

　海外に比べると、日本では「セクハラ」という言葉が冗談の延長で使われることも多く、1989年に流行語大賞になったことからも、国際基準からほど遠い文化の未熟さが見てとれます。対象者が「まあまあ」となだめられ、行為者が「なあなあ」に処罰されることもあるかもしれません。しかし、セクハラは職場の環境状態を不快にし、コミュニケーションや保育を成り立たなくさせる害悪です。

　うつ病や急性ストレス反応など、セクハラによる心理的負荷を測る際には、個々の出来事ごとに「業務による心理的負荷」が評価され、総合的に労災認定されます（図表4-9）。

　労働基準監督署の調査では、発症前おおむね6か月をみて労災認定をしますが、単なる事故によるケガや精神障害ではないため、取り扱いは厳しいものとなります。精神疾患になった際は、労災認定の基準により「セクハラに起因した労災」（人災）にもなるものです。また、安全配慮義務等の違反により、損害賠償の支払い義務も生じてきます。しっかりと園の基準を定め、行為者を処分して組織として再発を予防しましょう。

　「心理的負荷の総合評価の視点」は、主に次の2点です。まず、セクハラ行為そのものは、①内容や程度、②継続する状況を検討します。次に、セクハラ行為の後は、①会社の対応、②改善の状況、③職場の人間関係を検討します。なお、わいせつ行為は「特別な出来事」であり、刑法における犯罪行為でもあります。心理的負荷が「強」の認定は、仕事と関係のない個人の特別な事情がない限り、業務上の労災となります。園で措置を講じる際

□ 心理的負荷が「強」の認定例	身体接触を継続する
	性的発言を継続する
	相談窓口がなく相談できない
	相談をして人間関係が悪化した
□ 心理的負荷が「中」の認定例	身体接触を継続していない
	性的発言を継続していない
	相談窓口があり発症前に相談し解消できた
	相談をして発症前に人間関係が改善した
□ 心理的負荷が「小」の認定例	セクハラ発言をされた

の参考にしましょう。

　以下は、懲戒になるケースのイメージです。実際には、複数の事案に対して複数の処分を下すことが多いです。処分には、法人や施設が予防や対策を周知し、実施していたかどうかが大切な要件になります。管理者の責任を果たせるように、普段から研修会や文書等による啓蒙を怠らないように注意しましょう。

① 強制わいせつ行為、わいせつ行為—— 懲戒解雇、諭旨解雇
② 性的ないじめ、いやがらせ———— 減給、出勤停止、賞与カット、
　　　　　　　　　　　　　　　　　　降格、異動
③ 性的な冗談、からかい、いじり——— 戒告、けん責（口頭→文書）

予防のためのルールづくり

第一に、他のハラスメントと同様に、セクハラを事前に予防するためのルールや、生じた際に適切に対策するためのルールをしっかりと定めることです。写し鏡となる理事長や園長の強いメッセージや方針があることが大切です。生まれ育った環境による「無意識のバイアス」は誰にでもあるものです。その無意識に自ら気づけるように、職員が研修などを通じてルールづくりに参加できることが望ましいです。セクハラと思われるかもしれない状況をつくらないことは、対話や研修の場（トポス）を通じてルールを考えて周知することを何度も繰り返すなかで明確にできます（図表4-10）。「押しつけ」や「決めつけ」のルールでは、セクハラは解消しにくいものです。

例えば、悩み相談をする際に、アルコールを飲みながら聞くことはどう考えるでしょうか。「気楽に話せる」「本人の希望なら」という声もあるかもしれませんが、「かえって緊張する」「気分が普段より大きくなる」という声はありませんか。「個人情報がもれる」という声もあることでしょう。また、時間外かつ施設外である必要があるでしょうか。

職場のルールをゼロから話し合いましょう。話すだけではなく、聞くことに重点をおいて対話することで、今までの考え方やルールからいったん離れて、新しい考え方やルールのヒントに気づくことができます。そして、文字で書くこと、言葉で伝えることで、職場のルールとなっていきます。それが、対象者だけではなく、行為者となる機会の多い園長やリーダーを守ることにもなるのです。

● 図表4-10　考え方やルールを定着させるプロセス ※1

① 解凍	（アン・フリーズ） 今までの考え方やルールからいったん離れる

▼

② 変容	（チェンジ） 対話や研修の場を通じてルールを考える

▼

③ 再凍結	（リ・フリーズ） 新しい考え方やルールを定着させる

園内の相談窓口

　第二に、園の内外に相談窓口を設置することです。他のハラスメントの相談窓口と一元的・一体的に運用することを検討します。園の場合、内部では一次相談窓口がそのまま園長の場合が多いです。相談窓口を運営する責任者として緊急時などに園長はふさわしいですが、一職員ではちょっとしたことを日常的に相談しにくいときもあります。一人では中立な立場になりづらく、利害関係も生じやすいです。施設内であれば、雇用形態を問わずに、聴き上手な非常勤職員や、中立な相談者として投票などで選出された職員などが一次相談窓口の担当者になれないか検討し、定期的に研修を実施します。衛生委員会の中に運営委員会を設置し、定期的に園内の様子を報告し合うことでも、自ら予防しながら実際に相

※1　イリス・ボネット著、池村千秋訳『ワークデザイン』73〜77頁、NTT出版、2018年をもとに筆者作成

談も受けやすくなります。

　複数の園を運営している場合、他の園の職員がなってもいいでしょう。実効力やけん制機能を適切に働かせるために、上下の風通しだけではなく、左右の風通しを作っていきましょう。役職者が二次相談窓口や緊急時の相談窓口として機能するように、統制機能を働かせるということです。男女をそれぞれ配置することもポイントです。

外部の相談窓口

　園にかかわる外部の専門家や理事、評議員の中に、相談窓口の役割を担える人がいないか確認してみましょう。職員が萎縮していたり相談を躊躇するケースが多いなど、園内で話しづらかったり、解決できないときもあります。法人の関係者と連携できるようにしましょう。園の事情が詳しくわからないこともあり、聞き役や仲裁役に適しています。

　あわせて、社会のルールや対応など確認がしやすいように都道府県労働局の相談窓口など公的な窓口について、連絡先とともに明記しておきましょう。保護者会などがあれば、保護者に協力してもらい、万が一の際の相談窓口になってもらえないか検討します。園の見学会から始まり、毎年度の説明会や重要事項説明書などで、保護者に向けた情報発信も必要になります。

　法人としては、なるべく早期に予防や解決ができることを第一に考え、問題が大きくなる前に、内外の相談窓口という経営資源を積極的に活用してもらうことをためらわないことです。

以下は、事業主として雇用管理上必要となる処置の例です。

① 就業規則等に、自社のセクハラ予防の方針や具体策等のルールを定めて管理者を含む全職員に周知している。

② セクハラに関する相談窓口を設け、担当者、相談の流れ、苦情の申出、対応の手続き、担当者に対する研修の実施を定めている。

③ 会議や研修等の際にセクハラ予防の取組事項を話すなど、管理者を含む全職員に周知・啓発を継続している。

④ セクハラ発生時には、事実確認、対象者・行為者・協力者への対応、プライバシーの保護、再発防止措置（事実確認ができなかった場合も含む）を迅速にしている。

⑤ 就業規則等の毎年の改定で、具体的事項、苦情対応、報告者や協力者の要請、不利益取り扱いの禁止、懲戒処分などを見直して管理者を含む全職員に周知している。

第 5 章

子どもに関する
ハラスメント

1 子どもに関するハラスメント

一番多い子どもへのハラスメント

　保育現場でのハラスメントを考えるとき、最もあってはならないのが子どもに関するハラスメントですが、一番多く起こっています。子どもの利益に寄与するように最善を尽くし、より良い保育をしようと思うのは、保育者であれば誰もが同じですが、その保育にハラスメント（通称：ホイハラ）が直接・間接問わず混在しています。

　ここまで各種のハラスメントを見てきましたが、そのすべてにかかわり影響を大きく受けるのが子どもたちです。大人という圧倒的な「優位性」を前に、しつけや保育の「範囲を超えて」かかわられても避難できず、健全に育つための「環境が阻害」されても、相談することもできません。もともとハラスメントの対象者となりやすい性質をもっているのです。また、ハラスメントは弱いところへと増幅しながら流れ落ちていきます。

　特別に大切なエンドユーザー（最終的な顧客）でありながら、隠れた被害者となりやすい存在として職場にいることが、他の業種と大きく異なる点です。ハラスメントは職員間の問題にとどまらず、保育の問題となり、子どもに悪影響をおよぼします。子どもたちは、ハラスメントという状態に対して、吸収力が強く、消化力が弱く、無抵抗で無力です。

　さらに、影響を受けた子どもは強い言動や無関心な態度で一方的に困らせるなど、クラスや家庭で再現されてしまいます。気になる子や配慮が必要な子が話題になりますが、踏み込んだ介入が難しい家庭よりも、保育環境が気になる環境になっていないか、細心の配慮で点検していく

ことが大切です。

「直接直下型」ハラスメント

　子どもへのハラスメントは、大きく３つに分けて考えることができます。まずは「直接直下型」です。日常の保育で次のような言動はありませんか？

> ・子どもに対してどなる、大きな声で萎縮させ、頭ごなしに命令する。
> ・手首をつかんで引っ張る、声もかけずに持ち上げて移動させる。
> ・他の子どもの見ている前で罵倒する、発達の違いを指摘し辱める。

　これらは「しつけ」とも「保育」とも異なり、子どもを嫌がらせる行為です。ハラスメントは優位性が弱いところに落ちていきます。子どもに関して優位性を考えたことはないかもしれませんが、園において、子どもが最も力の弱い存在であることが盲点になっています。

　「子どもの権利条約（児童の権利に関する条約）」に定められた権利（生きる権利、育つ権利、守られる権利、参加する権利）をはじめ、子どもに関する権利を守り、育て、代行することが、保育者に課せられた責務です。その実現には高度な専門性を必要とするため、いつでも一番の理解者となれるように、保育者が子どもの側にいます。

　日々の営みの中で、いつの間にか主従が逆転し、保育者が主体になっていることがあります。園の保育理念や保育方針に通じるものなので、

何度も確認・点検し、保育者自身が子どもをが不安にならないように、最善の配慮をしていきましょう（図表5-1）。

● 図表5-1　子どもが嫌がる言動を直接的にしないための4つの原則

4つの原則	原則的な確認・点検事項
① 命を守られ成長できること	□ もって生まれた能力を十分に伸ばして成長している（笑顔があるなど）
② 子どもにとって最もよいこと	□ その子どもにとって最もよいことを第一に考えている
③ 意見を表明し参加できること	□ 子どもは自分に関係のあることに自由に意見を表明している □ 子どもの意見を子どもの発達に応じて十分に考慮している
④ 差別のないこと	□ 性別、意見、発達、障害など、どんな理由でも差別がない

「対価報酬型」ハラスメント

　次は「対価報酬型」です。これは、「AをしないとBをしない」「Aをしたら（ご褒美に）Bをしてあげる」といった「人参をぶら下げる」ことで誘導する保育です。馬を早く走らせるために、馬の好物である「人参」を鼻先に持っていくというたとえですが、人参という興味・関心を与えることで行動を促すため、一時的な効果は見込めても、長く続きません。交換条件は常に交換するものが必要となり、目の前のことに向き合っていたり、集中している子どもにとって魅力的な理由にはなりにくいです。

　合わせて、子ども自身の好奇心や意欲を削いでしまう可能性があります。例えば、「ごはんを全部食べたらおやつをあげる」などですが、子ど

もからすれば、「ごはんを全部食べること」と「おやつをもらうこと」は、それだけでは因果関係を感じにくく、連続した行動として認識しづらいです。「今日はご飯を食べたくないけど、おやつは食べてみたい」こともあるでしょう。保育者からすれば、発達につながる「ねらい」やその子らしさを尊重した「見立て」があるわけですが、子どもがニュートラルな状態で理解できるような言葉や態度で伝えないと、保育者の言葉かけが強迫観念となっていきます。「ごはんを全部食べること」も「おやつを食べること」も、楽しく心地よい状態が得られなくなるのです。例えば、食べたくない気持ちに寄り添いながら、完食という大きな目標ではなく、スモールステップでご飯を食べる喜びを味わうことが期待されます。

行動と行動につながりをもたせる

「Aをしたら（罰として）Bをする」といった懲戒を与えたり、脅したりということも同様です。

例えば、「いつまでも泣いていたら公園に連れていかない」などですが、子どもからすれば、「泣くこと」と「公園に連れていってもらうこと」は因果関係が感じにくく、連続した行動として認識しづらいです。それぞれ別の行動なので混乱につながり、「言うことを聞かないと嫌がらせされる」状態が身につき、保育者の顔色をうかがったり、保育者の都合にあわせる結果を生み、子どもに不快なエネルギーが蓄積されてしまいます。

子どもが嫌な気持ちになったり傷つくことで、保育者も潜在的に嫌な気持ちになったり傷つきます。行動と行動に連続したつながりがあれば、

その子どもを観察し、その子どもに通用する言葉で意欲が生まれるように伝え、よい状態を味わってから次の行動につなげることが、子どもが不安にならない保育を目指すうえで大切になります（図表5-2）。

● 図表5-2　行動の好循環プロセス

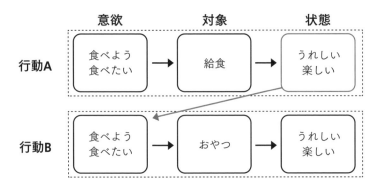

「間接感染型」ハラスメント

そして「間接感染型」です。子どもがいる前で他の子どもや職員を叱責したり、言葉かけに応答しなかったり、話しかけずに無視したり、顔を露骨にしかめたり、他の子どもや職員の悪口を子どもにぼやいたりといったことはありませんか。

子どもがいる空間で職員間にハラスメントが起こると、子どもたちは敏感に感知します。端的にいえば、居心地が悪くなり、遊びにも集中しにくくなります。「〇〇先生がいるときは△△先生と話さないほうがいいと思った」など、不本意に気を使わせてしまうこともあります。

●図表5-3　子どもが嫌がる言動を間接的にしないためのチェックリスト

身だしなみ	基本的な確認・点検事項
① 声のトーンや抑揚	□ 園で出す声は、子どもが聞いている声だと認識している
② まなざし	□ 園で見せる目は、子どもが見ている目だと認識している
③ 言葉づかい	□ 園で使う言葉は、子どもが覚える言葉だと認識している
④ 表情	□ 園で見せる表情は、子どもに映る表情だと認識している

　保育者が他の保育者に厳しく当たったり、保育者がつらそうにしていれば、子どもたちの環境も安心できないものになり、園生活がつらいものになっていきます。保育者が笑顔だったり穏やかな表情で丁寧な言葉づかいをしていることが大切であり、基本的な支援技術といえます（図表5-3）。

　これらを理解すると、不適切な言動がいかに子どもの最善の利益を損なうか、行為者と対象者の問題だけではないことがわかります。
　対人援助職である保育業に求められる「身だしなみ」は高度ですが、人の育ちを支援する者としての基本的な準備です。出勤前や休憩時間で、心身が整った状態で勤務できるように確認・点検し、園が心地よい場所であるように、最善の配慮をしていきましょう。　　　　　　　　⊘

2

子どもに関する
ハラスメントの予防

子どもに影響する保育者の不適切なかかわりや言動

　職員同士に快適なやりとりがある環境では、子どもも安心して友だちや大人と過ごし、かかわる中から楽しさや喜びを自然に味わうことができるようになります。反対に不快なやりとりは、子どもにとっても不快です。例えば、「○○君、ちゃんと〜してください！」など一方的に叱ったときは、その子どもだけでなく、周りの子どもも不安で不快な状態となります。また、「先生の言うこと聞かないと〜するよ」など罰やご褒美といった対価をもとにしたやりとりは、子どもの自己肯定感を失わせ、結果として他者肯定感も失われてしまいます。

　このように、職場で行われる子どもに影響する上司・同僚・後輩等の不適切なかかわりや言動（個々の子どもの発達差や特性等による支援の範囲を超えた一方向的な言葉や態度）により、本来のその子らしい自我の形成が損なわれ、一緒に働く職員の就業環境や勤労意欲も害されることになります。

　離職の相談対応の場などで職員の話を聞くと、「園や保育は好きだけど、あの先生とは一緒にやりたくない」「見ているのがつらい」と言います。「やらせみたいな保育を見ていながら、何もできない自分に無力感を感じる」「忙しいのはわかるけど決めつけて押しつけている」といった声もあります。一部の職員の保育が、子どもの存在を尊重し、意見を代弁する保育とはとられずに、他の職員に不快に感じられるのは残念です。

職場の雰囲気を改善しよう

　保育者同士や保育者と子どものかかわりを見聞きして「嫌だな」「つらいな」と自分自身が感じたとき、保育に関するハラスメントを予防するために、どういったかかわりが保育環境を快適にするのでしょうか。例えば、「○○先生のクラス、○○先生のことを見て、みんな楽しそうに過ごしてますね。どんな工夫をされているんですか」など「肯定的な問いかけ」をしていきましょう。指摘や指示をしたい場合も、相手の存在への指摘や指示とならないように、丁寧にストロークを入れることが大切です。放任するのではなく、相手の存在を認知し、行動をとらえながら肯定的にかかわると、相手の良質な気づきが生まれる余地が広がります。また、子どもに対する否定的な言葉や禁止語、命令語に加えて、放任的、気分的、抑圧的な態度など、行き過ぎた場合は虐待の可能性も疑われます。

　幼稚園教育要領や保育所保育指針、園の保育理念や保育方針などに照らして、かかわり方が不適切だと感じられる場合は、子どもを含めてハラスメントをとらえ直し、保育方法を見直す等、職場全体で保育環境の改善・予防のための措置をする必要があります。子どもを嫌がらせるハラスメントが生まれないように、職員や園の自己評価に、個人や組織として意識し、振り返る評価項目を入れることも有効です（図表5-4）。

評価はハラスメント予防の拠りどころ

　保育所保育指針では、「保育士等の自己評価」について、子どもの理解

● 図表5-4　自己評価・園評価の項目と記載例

自己評価	
評価項目	職場環境において、子どもを嫌がらせる言動がないように配慮しながら、子ども一人ひとりを受容し、発達に応じてかかわっているか。
振り返り	一人ひとりの気持ちを受け止め、安心して過ごせる雰囲気づくりを心がけています。 ゆったりかかわり、子どもや他の職員の思いを受容しながら大切なことは伝えるようにしていますが、時間に余裕がないときなど、つい言葉や態度に出てしまう時があります。普段から言葉づかいや対応の仕方を話し合っていきたいと思います。

園評価	
評価項目	保育に関するハラスメントについて全職員が理解を深めていけるように、定期的に話し合いや研修への参加や、内容の周知などを繰り返し促しているか。
振り返り	園内とリモートでハラスメント研修を実施しましたが、受けられない職員が毎年少数います。子どもにとっても職員にとっても悪影響とならないように、研修でのハラスメントに関するアンケートの結果を話し合って公開し、全職員の意識を高めました。職員も子どももお互いに尊重する心が育つように、個々の学習の進捗や理解度などに配慮して保育するなかで、職員同士や子どもの名前の呼び方や言葉かけについて見直していきます。

を基盤に、「自分の保育の良さや課題」を捉えて、次の保育に活かすために、保育者自身が振り返ることが必要としています。「保育所における自己評価ガイドライン」（厚生労働省）においても、「無理なく継続できること」「一人一人が主体的に取り組めること」が大切としています。つまり評価とは、過去への批判や批評や判定ではなく、未来に向けた小さなチャレンジとなる「建設的な問いかけ」です。

　この問いかけは、年度末などにまとめて行うだけではもったいないで

す。日々の保育の中で少しずつ振り返り、スモールステップの課題を立てて、行きつ戻りつしながら前に進むための道しるべにしましょう。その意味で園や自分たちなりの評価項目があると、子どもに関するハラスメントを予防するための拠りどころとなります（図表5-4）。

　例えば、次のような優れた先達の言葉を参考にしたり、自分自身が大切にしている信条（マイクレド）を検討して、評価項目に加えても面白いでしょう。共有すると、声をかけたり話題にしやすくもなります。

「おとなの心の中にある先入観や枠をとり去る努力がおとなの側に必要になる」（津守真）
「そこには何の強要もない。無理もない。育つものの偉（おお）きな力を信頼し、敬重して、その発達の途に遵（したが）うて発達を遂げしめようとする」（倉橋惣三）
「説教してきかせても、それは人とふれあう場にはなりません」（マザー・テレサ）　　　⊘

子どもに関する
ハラスメントに関連する法律

子どものハラスメントに関連する法律

　ここで、保育に関するハラスメントの観点から、法律を見ていきましょう。すべての子どもに対するすべての国民による責務は、以前から児童福祉法等で定められています。子どもは社会全体の財産ともなるものです。一人ひとり固有の「子育て観」で子どもにかかわるなど、自分にとって馴染んだ都合のよい見方で子どもを私物化することがないように、保育者がお手本となり、子育て環境のリーダーシップをとっていきましょう。

　まずは、児童福祉法です。法律の条文は「岩塩」のようなもので、濃縮して意味づけされている言葉です。丁寧に咀嚼していきましょう。職場では、目的や基本原則にあたる条文について、定期的に意見交換をするだけでもハラスメントの予防につなげることができます。「愛される」ということはどういうことなのか、「保護される」ということはどういうことなのか、保育者一人ひとりの言葉で表現・共有すると、日々の保育を見直し、考えや行動を整理するよい機会になります。

・第1条
「全て児童は、児童の権利に関する条約の精神にのっとり、適切に養育されること、その生活を保障されること、愛され、保護されること、その心身の健やかな成長及び発達並びにその自立が図られること、その他の福祉を等しく保障される権利を有する。」
・第2条第1項
「全て国民は、児童が良好な環境において生まれ、かつ、社会のあらゆる分野において、児童の年齢及び発達の程度に応じて、その意見が尊重され、その最善の利益が優先して考慮され、心身ともに健やかに育成されるよう努めなければならない。」

次世代育成支援対策推進法

　次に、次世代育成支援対策推進法（「次世代法」）を見てみましょう。なじみのない法律かもしれませんが、未来に向けた子どもたちの育成や支援のあり方について提起しており、押さえておきたい法律です。例えば、「子育ての意義」について園としての理解を自分の言葉で語り、「子育てに伴う喜び」が実感されるように配慮して保育や保護者支援をしているでしょうか。あらためて考える機会は少ないかもしれませんが、迷ったり困ったときに、原理原則や原点に返ることは有効です。

　同じ対人援助職である医師のように、病気の原因を見つけ、治療することが目的ではありません。目の前の子どもの特徴を、固定観念にとらわれず、将来に向かって可能性が広がるように支援することが業務になります。「悲しみ」「苦しみ」など不安で嫌な気分にばかり着目するのではなく、保育者が「喜び」を感じようと探究しながら保育をしていると、保育環境は快適なものになり、保護者支援は楽しいものとなります。

・第2条
「次代の社会を担う子どもを育成し、又は育成しようとする家庭に対する支援その他の次代の社会を担う子どもが健やかに生まれ、かつ、育成される環境の整備 のための国や地方公共団体が講ずる施策又は事業主が行う雇用環境の整備その他の取組をいう。」
・第3条
「家庭その他の場において、子育ての意義についての理解が深められ、かつ、子育てに伴う喜びが実感されるように配慮して行われなければならない。」

児童虐待防止法

児童虐待の防止等に関する法律（「児童虐待防止法」）の観点では、児童虐待の件数の増加が止まらず、たびたび改正がなされています。直近の2020年4月改正は、体罰としつけの範囲が大きな焦点となりました。

体罰によらない子育ての推進に関する検討会（厚生労働省）がまとめた「体罰によらない子育てのために」では、たとえしつけのためでも、身体に何らかの苦痛や不快感を引き起こす行為は「どんなに軽いものでも体罰」と明記され、しつけのために「必要な範囲」ではなくなりました。「注意したが言うことを聞かないので頬をたたく」「いたずらしたので長時間正座させる」「友達を殴ってけがをさせたので同じように殴る」など、具体例も明記されています。「お前なんか生まれてこなければよかった」などと言うことは、たとえ冗談でも子どもの心を傷つけ、権利を侵害します。

「しつけであって虐待ではない」という主張は通用しなくなり、子どもを戒めることを認めた民法上の「懲戒権」も見直されます。保育者は動向と背景を注視していきましょう。

「親権を行う者は、第820条の規定による監護及び教育に必要な範囲内でその子を懲戒することができる」（民法822条）

なお、虐待相談の相談経路について、児童福祉施設からは毎年数％とごく少数です。保育者が虐待予防の最前線の一つとして奮闘しているともとれますが、保育所は一次相談や発見機関としての役割が期待され、保育者は協力

者であり味方です。きつい言葉かけやわいせつ行為など、行為者としての疑いがもたれないよう、小さな言動から細心の配慮をしましょう。　　　　　⌀

4
組織・個人としての
ハラスメントへの対応

多忙ゆえに対応が後回しになる危険

　保育現場において、職員同士で適切な言動を保ち、人間関係を築くことが大切であることは、誰もが感じているでしょう。とはいえ、書類や製作、行事、保護者対応など、期限つきの業務や急な対応などの忙しさの中で、職員同士の対話が必要不可欠な業務であるという認識はなく、結果として一方向的な伝達に留まったり、一部のリーダー職員だけで行うなど、後回しになることもあるのではないでしょうか。

　また、子どもにとって一番の環境が保育者であることを理解し、温かい言葉かけ、受容的なかかわりなどが大切であることも理解していると思います。とはいえ、保育者自身の心身の健康や同僚との人間関係が子どもとのかかわりに影響することを忘れてしまうこともあるのではないでしょうか。

共通認識をもつ

　個人または組織としても、子どもに関するハラスメントや予防に向けた職場の人間関係は、属人的な裁量で対応していることがあり、意識にもバラつきが出やすいところです。まずはその必要性に関して、園の保育理念や保育方針に照らして共通認識をもちましょう。

　職場で保育理念や保育方針が必要になるのは、「労働生産性」に関係するからです。労働生産性とは、一人当たりに換算した付加価値額です。保育現場では、園として職員が子どもに与える生涯価値（最善の利益）を考え

てみましょう。子どもにとって何が利益で、どうすればその利益が大きくなるのかということです。

　労働生産性と人間関係に関する代表的な実験に、「ホーソン実験」があります。この実験は、ものづくりの工場において、早く効率的によい製品を作れるかを検証しています。まず、照明という物理的な環境を変えてみましたが、生産性に変わりはみられませんでした。次に、リーダーや監督などを配置して役割を限定するなど、労働条件を改善しましたが、直接的な関連性は見られませんでした。

　最後に、タテ社会や上下関係にとらわれず、利害関係もない「インフォーマル・グループ」を作りました。日本でいえば、「サークル」「交流会」「懇親会」のような関係を作る場を設け、一体感や安心感を高めて人間関係を築いたのです。結果的にモチベーションに大きな効果が生まれ、仕事の生産性が上がりました。

業務の見直しが予防につながる

　人間のつながりや感情に関することは、労働生産性に直接かかわらないと考えられていました。第一次世界大戦が終わり、生命の安全や衣食住に対する安心が生まれて生活水準が上がると、人の感情における影響が労働生産性に直結すると考えられるようになりました。

　ホーソン実験と対比されることが多い「テイラーシステム」は、一日の作業量や作業手順などをマニュアル化することで、どのような人でも一定の作業が効率的にできるようにしました。今でも用いられている手法であ

り、マニュアルやシステムにすることは問題ではありません。実際に医療や福祉の現場でも、オートメーション化できるところは省力化・省人化することが進んでいますし、保育現場でもICT（情報通信技術）の活用やノンコンタクトタイムの設定など、感情や情緒を主とした感情労働と切り離して一定のルールや仕組みの中で行うことで、保育のためのより高度な計画、評価、分析などをできるようにする取り組みも広がっています。

　大切なのは、子どもに関するハラスメントを予防・対策するという目的に合わせて、意図的な手段として、ホーソンやテイラーによるアプローチを参考にするということです。特に感情に関することは、個人の問題とされやすく、改善が難しいとされがちです。保育はものづくりではなく、いわば「ひとづくり」の仕事で、極めて繊細な心の機微を司っています。

　また、保育者も一人の人間として感情があり、大人や先生であっても未熟な存在であり、人格形成の過程にあります。ですから、園の環境を通して子どもとともに成長することが望まれます。働く保育者の感情の育ちを支援する「インフォーマル・グループ」を設けることで、心のもちようが変わり、物事をニュートラルに感じとる「ゆとり」も生まれます。

時間の構造化

　労働生産性と感情との関係で、考え方の枠組みに「時間の構造化」を紹介します。1日、1週間、1か月、1年、人生などの時間の中で、時間を6つのカテゴリーで構造的にとらえます。

　具体的には、「引きこもり・儀式・雑談（気晴らし）・活動・心理ゲーム・親

密」の6段階のエネルギーの流れです。それぞれ意味がある時間なので、意識して使うと効率的・効果的に仕事という「活動」を充実できます。また、かけひきなどの「心理ゲーム」が少なく、「親密」な関係に向かいます。

　近年の働き方改革やテレワークで見落とされやすいのが、「雑談」の時間です。よい活動にするためには、準備運動や潤滑油となる最低限の「雑談」が必要ですが、削減されやすい傾向にあります。「10分間ミーティング」「15分間お茶会」「ミニミニ研修会」などで、何気ない小話を日常に組み込んでみましょう。職場での「おしゃべり」を予防する効果もあります。普段のありのままのリラックスした会話が、メンタルヘルス不調を組織的に予防する「ラインケア」にもつながり、活動の質が変わってきます。

　また、仕事外の一人の時間である「ひきこもり」では、基本的な生活習慣を大切にしたり、好きなことをするなど、自分自身で心身の健康管理をする「セルフケア」に努めましょう。あいさつなどの「儀式」を通して対人関係が始まるので、省いていきなり本番の活動とならないようにも注意しましょう。　　　　　　　　　　　　　　　　　　　　　　　⊘

5 インフォーマル・グループの作り方

快の状態で安定して働けるようにする

「インフォーマル・グループ」を作る大きなねらいは、園でハラスメントが起こらないように、個人の感情や「組織的な感情」を快の状態に移行し、ニュートラルから快の心理的な状態で安定して働けるようにすることです。そのためには、保育者が悩みを抱え込んだりモヤモヤしている状態になったとき、「相談できる」と思えることです。一人だと感じると思考が停止して立ち止まってしまうところを、見守っている存在を置くことで小さな行動を促し、その変化を通じて楽にしていきます。

人間が意識して動いたり考えたりすること（実行機能ネットワーク）に使う消費エネルギーは、脳の5％ほどといわれます。反対に、何も外に向かって行動しなくても、1日の脳のエネルギーの大半を、無意識にあれこれとさまようアイドリング状態（デフォルト・モード・ネットワーク）に費やしているといわれます。必要な状態ではありますが、つらく感じたり疲れやすいわりにはネガティブな思考に陥りやすいなど、目に見えないストレスとなり、自力で抜け出ることが難しくなる傾向にあります。

この「自己の思考のとらわれ」から早く楽になるよう、切り替えのスイッチを押す手助けを他の保育者とすることで、ニュートラルポジションへと状態が整い、イキイキと楽しく働けるようになります（図表5-5）。

● 図表5-5　デフォルト・モード・ネットワークによるストレスを軽減する

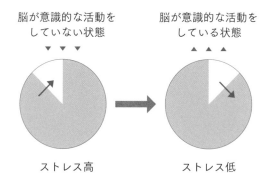

脳が意識的な活動を
していない状態
▼ ▼ ▼

脳が意識的な活動を
している状態
▲ ▲ ▲

ストレス高

ストレス低

非公式な関係をつくり、対話をつなぐ

　それでは、保育現場で「インフォーマル・グループ」を作るときは、どのようなことが考えられるでしょうか。どうしたら子どもによい影響を与える個人や組織となることができるのでしょうか。

　結論からいえば、全職員が非公式な関係づくりの役割を少しずつ担い、小さいちょっとした対話をしていくことです。特定の職員だけでなく、誰もがいつでもどこでも、何かあれば非公式な話ができる状態を目指して、園全体を職員が話をしやすい場所にすることで、園への帰属意識も芽生えてきます。職員間のちょっとしたあいさつや言葉かけ、無駄なことに感じるかもしれない職員間の一息の「雑談」を意識して短い時間で行っていきます。本番の「活動」に円滑に移るために、雑談の時間を事前にとっておくということです。子どもにとっても、先生同士がちょっとしたやりとりを楽しそうにしているのは、うれしいものです。

メンター制度の導入

　システム的に導入した例として、人の面では、組織図やクラス配置上の上司以外の職員に、何でも相談できる「メンター」となってもらうケースがあります。言葉かけ役や世話役に近いケースもあるので、職員の自発性に任せるだけでなく、メンターからも働きかけてもらうと有効です。1人ではなく、メンターを複数おいていつでもどこでも相談しやすくしたり、非公式なメンター同士が協議できるようにすることもあります。

　機会の面では、運動会や発表会、卒園式などの行事の後に、業務的な反省会ではない「オフ・ザ・ジョブミーティング」を行い、くつろいだ状態でオープンな対話をすることも有効です。仕事上のミーティングと異なり、結論を出そうとする必要はありません。「言いたいことが言いたいときに言える」「気づいたことを気づいたときに言える」ようになる肩肘張らない関係づくりが目的です。長い時間をかける必要はなく、誰もが参加しやすいように30分間だけとするなど、負担のない非公式な場を設けることもあります。職員会議の開始10分間など決まった時間を設けて、仕事と直接関係のない、何気ない近況をおしゃべりすることも、本題を話し合うための雰囲気づくりの準備となります。

プリセプター制度の導入

　ここで、プリセプター制度の導入事例を紹介します。プリセプター制度とは、1人のプリセプティ（支えられる人）に対して、1人のプリセプ

ター（支える人）がペアとなって、一定期間オリエンテーションなどを通して新任育成などを担当する方法です。

　保育現場では、マンツーマンに近い育成方法を導入している園は少数かもしれません。職員間の支援を安定的にすることで「つまずき」を予防し、職場への適応や子どもや職員とのかかわり方をスムーズにする効果が期待されます。

　プリセプター制度は医療機関などで使われることが多いですが、制度にしばられることなく、少し工夫すると浸透しやすくなります。例えば、全職員がプリセプター・プリセプティの関係となり、お互いに支え合ってプリセプターシップを発揮することを目的とした例です。この園では、子どもに大声を上げて叱ったり威圧的だったり、職員同士が萎縮していたりなど、ハラスメントによるうつ症状や離職が続いていました。

　そこで、誰もがプリセプターでもあり、プリセプティでもある状態を作りました。2人でペアになり、そのペアも1か月や四半期、1年後に変えていきます。保育方法などの指導そのものではなく、お互いの心身の健康管理を支えます。「今日の体調はどうですか」「花丸、二重丸、丸でいうとどれですか」「今日の気分はどうですか」「色でいうと何色ですか」など、あらかじめ用意した簡単な項目に沿って問診をし、内容を簡単に記録・報告します。毎日や月曜日だけなど、定期的に相手に聞いて自分も聞かれることで、「元気そう」「いいことあったでしょ」「何かあったの」「そういえば私も最近調子がいい」など、メンタルヘルスの状態にお互いに敏感になっていきます。職場で組織的に心の健康管理を行うラインケアとしても、機能させていました。　　　　　　　　　　　　　⃠

ディスカウントの予防

相手を「割り引く」行為の連鎖

　子どもや職員と対話をするときに意識して予防したいのが「ディスカウント」です。ディスカウントは「割り引き行為」のことです。安く売るディスカウントストアが身近にあるように、価格が割き引きされると、定価よりも安く買えるわけですから、一般的にはうれしいだろうと思います。一方で、モノやサービスではなく、無意識のうちに人を割り引く行為が行われていることがあります。自分や相手のありのままの価値や可能性を、ささいな言語・非言語表現によって割り引いているのです。

　割り引き行為は、さらなる割り引き行為を誘発します。さらに割り引こうとする「割引合戦」が始まるのです。例えば、「どうせ」「でも」「また？」「なんで？」「はあ」などの言語表現や、舌打ち、顔をしかめる、横取りする、ドアを強く閉める、無関心などさまざまな非言語表現です。

　これらは、自分や相手に対して、日頃のあいさつやかかわりなど、あらゆる場面で無意識に発生し、無意識のうちに自分や相手が受け取っています。「あの子には無理だ」「どうせあの先生に言ってもむだだろう」と、相手の力や可能性を割り引く（ディスカウント）言葉を伝えると、相手は「私にはできないと思われている」「どうせ私はできない」と思い、やりたいと思えない状態になっていきます。

　もちろん、「そんなことはない、私にはできるはずだ」と跳ね返すエネルギーにすることもできますが、無意識は継続して繰り返されやすいために強力です。集団になると、その力も増幅されていきます。何度も言われていると、「もういい」「そう思うならそうなんだろう」と、あきらめの心

境にもなっていきます。自信もなくなり、メンタルヘルスにも影響をおよぼします。

　ディスカウントをした本人は、そのほかの場面でも同じようなディスカウントが出やすくなります。「まだ言わなくてもなんとかなる」「ほうっておいてもよい」など、状況や場面に対するディスカウントにも派生しやすいので、ディスカウントが起こっている状態を把握し、意識して予防することが大切になります。

ディスカウントによる悪循環

　それでは、なぜディスカウントが起こるのでしょうか。その一つは、自分で自分を不快な状態にする「セルフハラスメント」をしているからです。自身の価値や可能性に枠や見切りをつけ、自分を否定して嫌がらせをすることで、変化への対応や新たなチャレンジによる不安やダメージを回避し、ブレーキをかけて自分を守ろうとします。

　しかしそれでは、問題や課題は本質的に解決・解消されず、さらに自分自身が好きになれなくなってしまうという悪循環に陥ってしまいます。「私には絶対無理です」など、ディスカウントもさらに強化されていくため、ありのままの自分を受け止める自己肯定感が低下し、ありのままの相手を受け止める他者肯定感の低下にも影響していきます。

「ストローク」を送る言語・非言語の習慣づくり

　職場でディスカウントとセルフハラスメントの連鎖を回避するには、自分の力や可能性を認めたり勇気づける言語・非言語の「ストローク」を送る習慣を作ることです。相手に対しても、積極的に意識してストロークを送ることで、自分自身がストロークをストロークとして認識して吸収できるようになってきます。心の栄養が不足すると「ストローク飢餓」の状態に陥ります。身体の栄養が不足してお腹がすくと、無口、無表情、無気力、不機嫌、批判的、攻撃的などの症状が出てくるように、心の栄養であるストロークが欠乏すると、同じように症状として出てきます。

　加えて、無意識に悪いストロークでも欲しがるようになり、相手の反応や関心を得るために不適切な言動を行ったり、さらなるディスカウントを出すことが起こります。保育現場には、ストロークを出す機会が豊富にあります。子どもに対する無意識のディスカウントを早期に予防し、ハラスメントとして顕在化させないためにも、子どもや同僚などに対して積極的にストロークを出していきましょう。

　ストロークは自分から出せば、お返しをしたいという「返報性の原理」により相手から返ってくる可能性も高まりますが、思ったようなストロークが返ってこないことも多いです。恥ずかしいといったバイアスを恐れずに、自分が必要とするストロークは「一言ほめてください」などと堂々と求めることも方法です。

　一方で、ストロークをしている自分は自分が一番身近でよく見聞きしているため、「よくやってるね」「がんばったね」などや「さすが」「最高です」

「知らなかった」「信じられない」「すごい」「すばらしい」「素敵」「センスある」「説得力がある」「そうだったんだ」「それは〜でしたね」（さしすせそのストローク）などと、ストロークを相手に送った分だけでも、自分に対して好きなストロークを意識して送るようにしましょう。日本では学童期から大人の自己肯定感の低さが問題となっていますが、子どもは自己肯定感の高い先生が大好きです。子どものためにも、保育者は自分を大切に扱いましょう。

心の声に耳を澄ます

　相手とストロークを上手に交換するコツは、「心の声に耳を澄ます」ことです。時期によって自己肯定感を磨いていく目安があります。例えば、乳幼児期は「愛して」という心の声です。生まれた存在を丸ごと肯定的に愛するストロークをします。

　同じように、児童期は「ほめて」という心の声です。事実に目をとめ小さな変化やプロセスをほめます。思春期は「わかって」という心の声です。違いを受け止めて寄り添い、理解しようとします。青年期は「認めて」という心の声です。結果となった社会でのありのままの姿を認めます。

　そして成人期です。成人期はすべてのストロークを必要とします。言い換えれば、自分自身に対して自分でストロークすることで、今からでも満たしていくことができるのです。　　　　　　　　　　◯

7

リフレーミングの実践

「充足」を促すアプローチ

　次に、保育者ならではの多様な視点から出来事をとらえて表現できるように、日常的な「フレーミング」にとらわれず、「リフレーミング」をしていきましょう。保育者としてリフレーミングを考えるときは、「ネガティブな言葉をポジティブな言葉にする」という理解だけでは不十分です。保育者は、相手の個性や可能性を見出して、伸ばしたり広げたりと伸張することが職務です。「困っていること」「悩んでいること」といった「不足」を補うアプローチよりも、「できていること」「できるようになったこと」といった「充足」を促すアプローチが有効になります。

　例えば、次のような言い方はどうでしょうか。

・「今度の運動会は、練習して失敗しないようにがんばろう」
・「今度の運動会は、練習してうまくいくようにがんばろう」

　この2つは同じことを言おうとしていますが、前者は「失敗をする」「失敗をしてはいけない」といった否定的・禁止的な文言であるのに対して、後者は「うまくいく」「うまくできるようになる」といった肯定的・奨励的な文言となっています。

　前者は失敗したら嫌だなというマイナスのイメージが心理的なブレーキになりやすく、思うとおりにならないときに落ち込んだり、重く行き詰まった状態になります。後者は、できたらいいなというプラスのイメージが心理的なアクセルになりやすく、やる気や気づき、より良い選択肢を得て、気軽に行動したりチャレンジしたい状態になっていきます（図表5-6）。

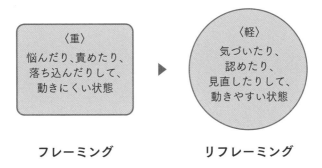

● 図表5-6　リフレーミングによる行動の促進

〈重〉
悩んだり、責めたり、
落ち込んだりして、
動きにくい状態

〈軽〉
気づいたり、
認めたり、
見直したりして、
動きやすい状態

フレーミング　　　　　　**リフレーミング**

2段階のリフレーミング

　感情をニュートラルな状態と快の状態において、うれしさや楽しさを感じられる状態で行動することを目的の一つとしたプレジャーマネジメントでは、二段階でリフレーミングをすることで、言葉の内容に喜びを感じられるようになり、状況を楽しむことができるようになります。結果的に感情をリフレーミングすることで、相手や状況に合った適切な思考や行動がとれるようになるのです。

　例えば、「あの子は飽きっぽくて集中できない」といった表現では、言われる子どもも聞いている職員も嫌な気持ちになり、行き詰まることでしょう。そこでまずは、言葉の内容を「いいところはどこか」「本当の意味は何か」という視点で他の表現に変えてみます。そうすると「好奇心旺盛で切り替えが早い」「必要なものを見分けようとする力がある」など、専門的な観点でとらえるフレームが得られるはずです。

次に、「どんな時に役に立つか」「どんな場面で効果的か」という、一歩踏み込んだ付加的な表現を考えます。そうすると「よくないことをしてもすぐにやめることができる」「いろんな経験を好きなことに活かすことができる」など、現在から将来に向けて状況をとらえるフレームができます。失敗したときも、「ダメだった」ととらえるか「よくやった」「少しできた」「よい経験をした」などととらえるかで感じ方は大きく変わり、適切な言動がとれるようになります（図表5-7）。

● 図表5-7　二次リフレーミングから適切な行動が得られる

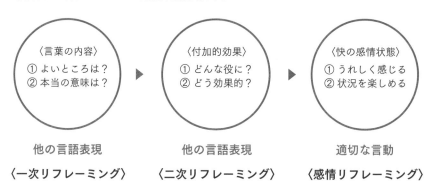

「外在化」によるリフレーミング

　次に、「外在化」によるリフレーミングを紹介します。対象のなかにある対象物を特定し、外に出して適切に名づけることによってリフレーミングします。保育者は自然と使っていますが、意識して使えると、子ど

もとのかかわり方も広がります。

　例えば、「痛いの痛いの、飛んでいけ」と言うことがあると思いますが、「痛い箇所」を特定して「痛いの」と名づけて外に出しています。「少し痛くなくなった？」と聞いて「まだ痛い」と言われれば、「チクチクしている虫さん、飛んでいけ！」とリフレーミングして繰り返したり、行動を強調します。子どもは、体中に内在化して感じていた痛みを適切な大きさにとらえ直し、受け止めます。

　さびしくて泣いているときは「〇くんの中にいる泣き虫さん、こちらにどうぞ」などと手の上に「泣き虫」を乗せて声をかけます。様子によって「セミさん」などと言葉をリフレーミングし、「ミーんミーんカナシイなあ」と自分の胸に手を当てるなど、行動をリフレーミングしながらかかわります。

　「例外探し」でリフレ─ミングすることも有効です。「痛くないところはどこ？」「ここはどう？」と例外箇所を探してリフレーミングします。「右手は痛くない」と言われれば、「よかった。右手さんは元気」「右手さん、左手さんを助けてあげて」などとかかわります。解決している部分があることに気づき、事実を適切にとらえ直すことができます。　🖉

8

言葉かけの工夫

言語表現、非言語表現の高度な専門性

　子どもに関するハラスメントの観点からは、保育現場で否定語、禁止語、命令語などを用いずに保育をすることが大切です（図表5-8）。それほど感情や感性を伴った言語表現、非言語表現に高度な専門性をもつのが保育者の強みの一つです。「あの先生の言うことは、子どもたちはみんな聞く」「魔法使いのようだ」と思わせる保育者はどの園にもいることでしょう。ただ、物理的な忙しさやルーチン業務の中で、専門性が発揮される前に、応急的に対処することがあっても不思議ではありません。

　園内でのコミュニケーションでは、たとえ同じ内容を伝えたとしても、子どもや他の職員が受け取りやすく発することができるか、一方的に否定的に言い放つかで、快適な環境となるか不快な環境となるか、大きな違いとなって表れます。言語表現と非言語表現での伝え方の違いについては、言語情報7%、話し方などの聴覚情報38%、表情などの視覚情報55%といったメラビアンの法則などがありますが、すぐれた保育者の言語・非言語は、無条件にあたたかく、それだけでうれしくなるような受容的な応答がなされています。

自分のメガネを用意する

　リフレーミングは一般的にメガネにたとえられることが多いですが、ハラスメントを予防し、不快な状態からニュートラルな状態・快の状態へと移行するために、自分のメガネを用意しておきましょう。

● 図表5-8　否定語等を使わない保育の実践

	一般的な例	保育者の言葉かけの例
否定語	何してるの	面白いことしてるの
	まだ早い	できるかな、できたね
	なんでできないの	何があったのかな
	嫌いになっちゃうよ	大好き、大事な○○くん
禁止語	さわっちゃダメ	そうっとみてみよう
	走らない	大きくゆっくり歩こう
	二度としちゃだめ	先生に教えてね
命令語	座りなさい	おしりをイスにのせよう
	静かにしなさい	何が聞こえるかな
	早くしなさい	ここまでやってみよう
指示語	ちゃんとやさしくしましょう	いいこいいこってするんだよ
	すぐお片づけをしてください	楽しかったね、また遊ぼうね
	もっと大きな声で挨拶しよう	いつもの声で挨拶しよう

　まずは物事をとらえるフレームです。これは「みんな違っているから
面白い」「それぞれによいところが必ずある」というフレームです。自分
より「下」だと思った人を見下したり、逆に「上」だと思った人に卑屈に
感じることがなくなります。子どもが主体となる保育現場において、一
人ひとりが価値ある存在であるという枠組みでかかわろうとすると、相
手の意外な長所が目に入り、気づくことになります。そして「あの人は

こういうところがすぐれているけれど、自分のこういうところがあの人にはない長所だな」など、自分のよいところに気づけるようになります。すると、相手や自分を嫌がらせることなく「自分ができることは自分で取り組む」「できない人たちには教えてあげる」「できないことは素直に認めて教わる」ことができるようになります。

よいところだけが見えるレンズ

次に、物事を見つめるレンズです。「その人のよいところだけが見える」レンズに交換しましょう。園でいつも一緒にいると、よいところばかりではなく、当然弱いところもあることに気づきます。弱いところに気づくと、弱いところや見えにくいところを補正してみようと集中して見るようになります。

相手を知る機会が不足していると、何となく苦手に感じる人と一緒に働かなければならないこともあるでしょう。自分にとって苦手なタイプの人を目の前にすると、気が重くなったり、その人の嫌な点ばかり気になることになります。そうしてますますその人が苦手になってしまいます。

そこで「よいところだけが見えるメガネ」で、相手のよいところだけが見えるようにしてみましょう。余計なことを見ないようにすることで、意外とよいところがあることに気づくことがあります。例えば、リーダーに対して厳しいと感じる主任も、よく見てみれば、本当にリーダーを大切に思っているからこそ、言いたくないことも園長にかわって言ってくれているのかもしれません。

その人のよい点に目を向けると、相手に興味をもつようになります。苦手と感じたら人間関係がこじれてしまうかもしれず、ハラスメントも起こりやすくなります。長所しか見えないレンズで、まずは長所をしっかり見つめ、より良い人間関係を築く可能性を広げていきましょう。

快の感情の伴う言葉へと強化する

　意識してよいところ、できていることを見ることができるようになると、見る側の感情も、見られる側の感情も、心地よく楽なものに変わります。そうなると、よいところを活かしてできることはないか、できていることを土台にして、できることを増やすにはどうしたらよいか、前向きで建設的な思考ができるようになります。

　リフレーミングというと、例えば「怒りっぽい」というネガティブな言葉を「責任感がある」「一生懸命」「情熱的」などといったポジティブな言葉に置き換えることが想像されます。一方で、快の感情の伴う言葉をより良い快の感情の伴う言葉へと強化するリフレーミングもできます。自分のとらえ方をリフレーミングすることで、結果としてより良い行動の強化や期待する行動につながりやすく、保育現場では効果的です。

　例えば「カレーライスおいしいね」という言葉を、「カレーライスとってもおいしいね」という言葉にリフレーミングします。どちらがおいしくうれしい気持ちでカレーライスを食べることにつながるでしょうか。「みんなで食べるこのすばらしいカレーライスは最高においしいね」など、さらに強化することもできます。少しオーバーで笑ってしまうくら

いでもいいです。最初は歯が浮くような違和感があるかもしれませんが、何でも不思議に面白く感じることができる「センス・オブ・ワンダー」や自分の中の子ども心に触れながら慣れていきましょう。

初めは「すごく」「とっても」「本当に」「一番」「最高に」「すばらしい」などの言葉を添えるだけでも、相手のとらえ方や受け止め方が変わってきます。うまくいかないときは、子どもにとってどちらがうれしいか考えてみましょう。不快な言葉が保育環境を不快にする効果があるように、快の言葉には保育環境を明るく楽しく快適な環境にする効果があります。

この快から快へのリフレーミングは、保育者が無意識のうちに上手にやっていることが多いですが、職場の感情を快適にマネジメントする技術の一つとして、意識して積極的に使いながら磨いていきましょう（図表5-9）。

● 図表5-9　快から快へのリフレーミングの例

快	より快
おいしい ─────➤	すごくおいしい、とってもおいしい、本当においしい
好き ─────➤	大好き、何よりも好き、地球で一番好き、いつでも好き
できた ─────➤	すごいねできたね、ほんとだできている、またもうできたの
笑顔がいい ─────➤	笑顔がすばらしい、笑顔が最高、笑顔が素敵、表情が見事
真面目 ─────➤	何でも信頼できる、実に安心する、大事な資質、真摯
元気だね ─────➤	絶好調だね、みんな元気になる、元気そうで幸せな気分です

達成した結果や成果ではなく、現在進行中の小さな出来事や言動を「感嘆詞のリフレーミング」をして実況中継するように前後に一言添えられると有効です。相手の存在を自分の心にとめて行動を気にかけていることが伝わります。

　例えば、園での「ありがとう」という言葉も、何かを成し遂げた結果を待つのではなく、当たり前のことに目を止めると「おお、やってるね。ありがとう」などといつでも使うことができます。「いいな」「やったね」「わあ」「なんて」「さあ」などの快の感情を伴う小さな感嘆詞を口ぐせのようにアクセントに添えると、自分自身や相手が一呼吸置いて整った状態になり、気持ちや思いが伝わりやすくなります。　　　　　　　⌀

9

快のラベリングの探求

うれしさを感じられるラベリング

　本章の最後に「ラベリング」を紹介します。快適に行動をするためのプレジャーマネジメントにおいては、「うれしさを感じられるラベリング」が大切です。

　ラベリングとは、言葉というラベルを貼る行為です。人や物事に対して、商品に名前や品質などのラベルを貼り付けるように、自分の思い込みや特定の出来事で判断した基準によって言葉にすることで、ラベリングしています。これは、自分や相手に対する膨大な情報や未知の情報は、時間的にも労力的にも適切に消化、吸収、収集、分析することができず、そのままでは対象を整理できず混乱したり不安になってしまうからです。そのため、本来はたくさんの快と不快の要素が含まれている自分や相手を、特定の言葉でラベリングすることで、思考を手軽に固定させ相互調整しています（図表5-10）。貼ったり貼られたりしたラベルに反して、相互作用を逸脱しないように、無意識のうちに「自分や相手に貼ったラベル」「自分や相手に貼られたラベル」に順応した行動となっていきます。

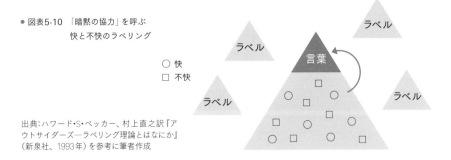

● 図表5-10　「暗黙の協力」を呼ぶ
　　　　　　快と不快のラベリング

○　快
□　不快

出典：ハワード・S・ベッカー、村上直之訳『アウトサイダーズ―ラベリング理論とはなにか』（新泉社、1993年）を参考に筆者作成

不快なラベリングの弊害

　ラベリングは偏った使われ方をされていることが多いです。例えば、罪を犯して服役し、更生した犯罪者に対して、周囲は「犯罪者」「元犯罪者」というラベルを貼ります。そうすると、「犯罪者」「元犯罪者」というラベルが本人に粘着して容易に剝がれず、本人も貼られた不快な感情を伴うラベルに抗えなくなり、「暗黙のコミュニケーション」による協調的な行動につながることで、「承認されない行動」になっていきます。子どもに関するハラスメントを考えたときにも、同様のことが起こりえます。

　例えば「気になる子」「落ち着きのない子」といったラベルを、言葉や表情、態度などの非言語で用いていると、「気になる子」は貼られた不快なラベルに思考や行動を引っ張られるような形で自ら「暗黙の協力」をし、「気になる子」「もっと気になる子」になってしまいます。「ダメな子」と思われた子どもは「ダメな子」「もっとダメな子」になりやすいです。

　不快なラベリングは「レッテル」「固定観念」「偏見」となり、実際には他の多様なとらえ方ができたとしても、抜け出すことが難しくなり、可能性が閉ざされてしまいます。貼られたラベルに適応してお互いに悪い影響を出し合うので、関係の構築もより難しいものになっていきます。

快のラベリングの実践

　保育現場で考えたいことは、このラベリングの原理を応用して、負の

行動のスパイラルに陥ってしまうようにエネルギーを無意識に傾けるのではなく、正の行動のスパイラルに好転するようにエネルギーを意識して傾けることです（快のクオリア）。言葉を使ってラベルを貼ることで理解・行動などをする特徴があるのなら、適切な思考や行動を促す「快のラベリング」をするということです。

　自分のことも相手のことも100％理解していることはなく、数多くある情報のなかで、特定のことに注意したり、関係しないものとして省略したり、つなぎ合わせて歪曲したり、カテゴリー化しながら、言葉を使って思考回路を生み出しています。例えば、子どもと話すときに、必ず子どもの目線に合わせるようにしゃがんだりする新人の保育者に、「素敵な魅力をもった新人」と言う同僚がいます。一方で、忙しい中その都度立ち止まって子どもの話を聞こうとする新人を見て、「現場がわかってない」という同僚がいます。どちらも同じ新人に対する言葉ですが、どちらが新人にとって適切な意味づけとなり、望ましい行動や関係をとりやすいでしょうか。どちらが新人の意欲、勇気、自信などになるラベルとなり、どちらが悩み、葛藤、不安などになるラベルでしょうか。自分や保育環境に対してはどのような影響を生むラベルでしょうか。

より良い快のラベリングの探求

　どちらの同僚も、新人のこれまでのすべての知識、経験、体験を知っているわけではなく、これからの本人の意思や展望などを共有できているわけでもないでしょう。とらえ方はそのときその人で違います。年齢

● 図表5-11　認知を規定する言葉

★「とらえ方」はそのときその人それぞれ違う
▼
① 断片的な一部の側面から思考している
② 言葉が感情を伴うラベルになっている
▼
③ 大量の情報や可能性をラベルを貼って整理している
④ ラベルになると多様な情報や可能性が集約される
▼
⑤ わからなかったことや見えなかったこともある
⑥ 今のラベルをうれしい快のラベルに貼り替える
⑦ ラベルを貼り替える過程で気づくことがある
▼
⑧ ラベル次第で「とらえ方」「心もち」が変わり出す
▼
★「よさ」「らしさ」を活かした前に進む力になる

出典：内山伊知郎監『感情心理学ハンドブック』（北大路書房、2019年）を参考に筆者作成

等を問わず、相手の人生においては、相手が一番の「先輩」です。わかる
ことのない相手や自分と向き合いながら、保育や遊びなどの行動をとも
にする上で、まずは、相手にとっても自分にとってもうれしい感情を感
じられる「快のラベリング」をしましょう。「よさ」「らしさ」を活かした
より良い行動が生まれ、より良い関係が築きやすくなります（図表5-11）。

　ラベルだと考えて、気軽に何度も貼り替えたりしながら、今の相手や
自分にとって最適なラベルを探します。一番合う服や一番おいしい味を
探すように、一番うれしいラベルを探します（快のとらえ方のメタファー）。
うれしいと感じられるラベルが見つかったら、揺らいでしまうことが
あっても、そのラベルを貼り続けることです。その上で、もっとよい「快
のラベリング」ができないかを考えましょう。

快のラベリングにより感情がニュートラルから快になっていくと、過去の出来事などに対しても、肯定的に振り返ったりとらえ直しやすくなります（図表5-12）。未来の計画に対しても、明るく拓けたイメージをもちやすくなります（快のコア・アフェクト）。そして相手に期待されたり、自分自身が期待する行動が生まれ、子どもに関するハラスメントを予防する好循環が生まれやすくなります。　　　　　　　　　　　　　　　　　　　　　⊘

● 図表5-12　快のラベリングによる「グッドサイクル」のコントロール

	「不快なラベリング：レッテル化」	「快のラベリング：意味づけ化」
感情の状態	ラベルに不快感や疑問を感じる	ラベルにうれしさを感じる
思考の状態	現在：▲悩み　▲葛藤　▲不安 過去：後悔したり責めたりしやすい 未来：先々のことがイメージしにくい	現在：○意欲　○勇気　○自信 過去：肯定的に振り返りとらえ直しやすい 未来：明るく拓けたイメージがしやすい
行動の状態	望ましくない言動、望まれない言動 不適切な言動、消極的な言動	期待される言動、期待する言動 適切な言動、積極的な言動
結果の状態	相手や自分に不快なラベルを貼ると、相手にとっても自分にとっても、悪い影響を与え、悪い関係ができる。	相手や自分に快のラベルを貼ると、相手にとっても自分にとっても、よい影響を与え、よい関係ができる。

第 **6** 章

保護者に関する
ハラスメント

1

保護者に関するハラスメント

保護者に関するハラスメントの特徴

　保護者も職場環境に密接に関係するため、当事者として、ハラスメントが起こりえます。保護者は仕事や家事、育事（育児）など、ダブルワーク、トリプルワークにより疲弊していたり、無力感、罪悪感などを感じ、ストレスを抱えていることがあります。そうした保護者による厳しく不適切な言動に、保育者が大きな心理的なダメージを受けたり、悩みや不安を抱え込んでしまうことがあります（図表6-1）。

　「子どもの嫌いな食べ物は出さないように」「箸を早く持てるようにしつけて」「少しの遅れなら延長保育料は払わない」「行事での配役や順番を変えてほしい」「おむつは園で責任をもって処理して」など、保護者の要求は、時に通常の保育の範囲を超える場合があります。適切な応答がないと、「そんなことも対応してくれないのか」という言動をとる保護者もいます。園として、保護者が少しでも気持ちよくかかわりやすいように、園の機能や保育者の役割への理解を促し、ハラスメントを予防することが必要です。

　保護者からのハラスメントは、園長や主任を介した相談よりも、保育者がかかわる保育現場で発生しやすい傾向があります。例えば、園の食事に関することで、「野菜を食べさせようとしないでください」「家では野菜を食べませんし、無理して食べなくてもいいと教えています」「今後無理に食べさせないと、書面で約束してください」などと繰り返し威圧的に言うことです。

　一方で、保育者が保護者に対して、心ない言動をとることもあります。

例えば同じ場面で、「好き嫌いや偏食をほうっておく家庭のしつけ方はよくない」「野菜を食べられなくなったら、将来子どもがかわいそうじゃないですか」などと蔑んだり哀れむことです。

● 図表6-1　保護者が抱く３つの感情と反作用

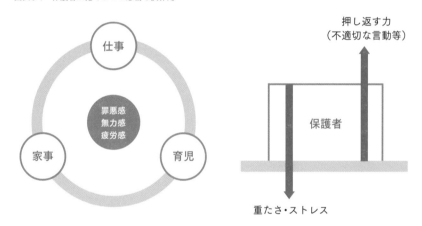

保護者の立場を想像する力

　保育者には、保護者の状態に対する想像力が必要です。保護者は子育ての第一義的な責任を負っていますが、保育のプロではありません。わが子を大切に育てたいと思うあまりに、極端なほど過保護・過干渉になったり、子育ての悩みを誰にも相談できずに、心身ともに疲れてゆとりがなく過剰な要求や無理難題が増えてしまうこともあります。保育は、生活の質や子どもの健康や発達に直接関係する支援であり、途中で中止しにくいため、期待も不安も大きくなりやすいことが背景にあります。

（成育歴） ①厳しくしつけられた ②しつけられなかった	（成育像） ①しつけは厳しく ②しつけはほどほどに ③しつけは必要ない
（成育歴） ①愛された感覚が弱い ②愛された感覚が強い	（成育像） ①身近でかかわりたい ②ほめたり期待したい ③ありのままでいい

　また、園の保育理念、保育方針、行動様式が保護者に理解されず、互い
の子育て観の違いが影響します。自身の子育て観とのギャップに葛藤した
り、立場や役割を超えて、家庭での子育てと園での保育を混合している場
合もあります。園での保育は個人の子育て観や保育観に左右されるもので
はありませんが、過去の経験やあるべき理想像が、無意識のうちに強く影
響していることがあるのです（図表6-2）。

クレームと苦情を分けて考える

　保護者に園の運営のルールや方針を伝えていくように、保護者が園にク
レームを伝えることは、どの園でも起こりえます。クレームの本来の意味
は、「保持する権利を主張すること」です。例えば、利用者の立場、あるい
は子どもの人権を擁護し、養育する保護者の立場で、園に改善要求を出し
てもらう機会があることは、職員の声だけではわからなかった実情に合わ
せて見直す機会にもなります。早めに声に出してもらうことで、園のコン

プライアンスやリスクマネジメントにもつながります。

　一方で、園に「苦情解決窓口」があるように、「苦情」の場合があります。苦情は、「不満の気持ちを伝えること」です。クレームと混合して使われることが多いですが、感情が含まれるか否かで大きく異なります。対象となる事柄が本来あるべき姿とは異なることを伝えるというよりは、その事象に対して嘆いたり腹が立つ感情を伝えることを表します。

　クレームが合理的な方策と謝罪や謝意で解決しやすいのに対して、苦情は保護者自身が難儀に感じている感情を伴う「苦しい事情」です。クレームとは分けてとらえて、保護者のやり場のない苦しい感情に寄り添わない限り、炎上したり肥大化するなどこじれやすくなります。苦情には、合理的な方策よりも、苦情を上回る愛情をもって臨む必要があるのです（図表6-3）。　　　　　　　　　　　　　　　　　　　　　🚫

● 図表6-3　クレームと苦情の違い

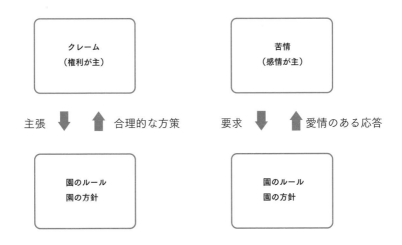

2

カスタマーハラスメント

「理不尽な要求」「過大な要求」「一方的な暴行や暴言」

　保護者の苦しい感情を放置したり、うまく解消できないままでいると、「理不尽な要求」「過大な要求」「一方的な暴行や暴言」となり、園や保育者を嫌がらせ、困らせるハラスメントとなります。これがカスタマーハラスメント（通称：カスハラ）です。

　感情が上手に出せずにほつれてやり場のなくなった結果として、情動を制御する思考や建設的な思考がしにくくなり、「いくらなんでもそれはどうなのか」といった横暴な言動や不可解な言動になって表れてきます。いわゆるモンスターペアレントも、生まれながらに「モンスター」であったわけではありません。保護者が置かれた家庭、地域、社会などの環境は、弱い立場であることがあります。勤務先でも、子育てをしている職員が、子育てをしていない職員と比べられることもあり、葛藤や不安を抱えながら働いていることがあります。それでも、保育という助けを必要として園に来ています。子育てを協働する保育者の保育が必要なのです。本当は保護者も、保育者と子どもに寄り添いたいと思っています。

　保育者から満足に話しかけられていなかったなど、保護者が「きちんと向き合ってくれていないのではないか」と感じると、不満の温床になります。保護者を「モンスターペアレント」「カスハラ保護者」などと不快なラベリングをして決めつけないことです。忙しさや面倒さを理由に後回し・放置せず、垣根を超えて身近なことからかかわりましょう。

対話を通して一手間の愛情を伝える

　同じ対人援助職である医療・介護現場では、多様な状況やニーズなどに対して、十分な情報や説明を得た上で、お互いに理解して、当事者が合意する「インフォームド・コンセント」が重要です。保育現場でも、家庭での適切な養育を促すためにも、保護者との対話が大切です。保護者のハラスメントを誘発しないチェックリストを作っておくこともおススメです（図表6-4）。ちょっとした挨拶などを通じて、受容し、共感し、理解しようする一手間の愛情が保護者に伝わると、子どもにも伝わっていきます。　　　　 ✎

● 図表6-4　保護者のハラスメントを誘発しないチェックリスト

≪保護者の立場だったら嫌だと思う項目≫ （例）	可能性に チェック	≪保護者の立場だったら嫌だと思う項目≫ （例）	可能性に チェック
子どもにあいさつしない	☐	相談をしても、何の連絡や報告もしないまま1日以上放置する	☐
子どもの名前を親しみを込めて呼ばない	☐	ケガなどに気づかなかったり、気づいても「これくらい」と考える	☐
近くにいても目が合わない	☐	「それは」「でも」「しかしですね」と言い訳や反論ばかりする	☐
笑顔や表情がなく冷たい	☐	園や保育者の立場で説明ばかりして、言い分や気持ちを聞かない	☐
言葉の語気が強く、態度が「先生然」として横柄である	☐	園内でパワハラ、セクハラ、マタハラ、ホイハラなどが行われている	☐
言葉に生気がなく、態度に「先生感」が感じられない	☐	担任以外の保育者が子どもにかかわっているように見えない	☐
子どもの育ちの姿や喜びを共有せず「預かったまま」になっている	☐	常に「〇くんの」お母さんなどだけで呼び、一人の主体として扱わない	☐
相談や要望を「またか」「気にしすぎ」といった態度で軽く受け流す	☐		

≪予防のための対策≫
☑がついた項目を予防するため対策を考えておきましょう。
①それぞれの項目の反対の言葉にして意識できるようにしましょう。例：「丁寧に挨拶をしない」→「丁寧に挨拶をする」
②言葉にした意味をなるべく自分がわかる言葉にして意識できるようにしましょう。例：「丁寧に挨拶をする」→「一度立ち止まって目を見て体を向けてゆっくりと言う」

3

保護者からの
ハラスメントへの対応

職員を守る安全配慮義務の観点から

　職員が保護者対応のスキルを学び、保護者にハラスメントと思われないようなかかわりを徹底する必要は当然ですが、一方で、職員を守る安全配慮義務の観点から、保護者からのハラスメントを考える必要があります。

　例えば、保護者の「あの担任は生理的にムリ」「終わってる」といった根拠のない暴言が、保育者のトラウマとなることもあります。立場や分別をわきまえずに「ファンです」と好意を寄せられ、「無視された」としてストーカー行為や中傷に発展することもあります。ハラスメントを行っている保護者の中には、著しい迷惑行為を行っていると認識していない人もいます。

　基礎疾患や生活困難などを抱えて心身が不安定な保護者がいることにも留意する必要があります。本人の感じ方や子育て観などの違いによるものと済ますのではなく、次のような傾向がみられる場合は、担当保育者に任せたままでは安全安心ではありません。労働安全衛生法第18条で定める「衛生委員会」を活用するなど、園として早期に組織的に対応する必要があります。

① 長時間リピート傾向：業務に支障が出るほど長時間拘束したり繰り返し要求する

② 暴言暴力傾向：物を投げたり怒鳴り声など、暴力的な言動で名誉棄損や人格否定をする

③ 威圧脅迫傾向：直接的な脅しや誘いのほか、間接的に不利益になるこ

とをにおわせる

④ SNS露出傾向：インターネットやSNSで、内部情報や誹謗中傷の掲載や投稿をする

ハラスメントを未然に防ぐための基本行動

　保護者に関するハラスメントを未然に防ぐための基本行動は、かかわりを避けるのではなく、「行き違い」「すれ違い」「勘違い」を避けるために、組織的にかかわることです。保育者が保護者と会うのは1日のわずかな時間です。その際、子どもの成長の様子や出来事、言葉や仕草などを伝えるようにしましょう。小さなことでも、保育者が意味づけ、子どもを十分に認めて伝えていくことで、保護者の苦労を労うことができます。

　肯定的な表現で子どもとかかわり子どもの姿を伝えることが、保護者の喜びや自信となります。保護者に寄り添い理解し認める愛情につながります。些細な問題も、保育者から見た気づきとして伝えることで、保護者は「よく子どものことを見てくれている」という安心につながります。

保護者の一次感情に寄り添う

　多忙でゆっくり話ができない保護者にも、表面に表れた不快な状態や出来事に反応するのではなく、内面にある不安やあせりといった「一次感情」に寄り添うことに慣れていきましょう。

　例えば、あわてて子どもをお迎えにきた保護者が、「○ちゃん、さっさと

第一段階「行動のペーシング」	第二段階「感情のミラーリング」
●話し方	●うれしさ や感謝（喜）
→スピード、リズムを合わせる	→うれしさ や感謝を反射する
●声:	●怒りや腹立ち（怒）
→大きさ、トーンを合わせる	→「一次感情」を反射する
●状態:	●悲しさやつらさ（悲）
→雰囲気、態度を合わせる	→悲しさやつらさを反射する
●呼吸:	●楽しさや面白さ（楽）
→息づかいを合わせる	→楽しさや面白さを反射する

早く来なさい。帰りますよ」と玄関先で金切声を張り上げた際も、「お母さん、呼んできますので園内では小さい声で」と、保護者につられてあわてて反応したり、指摘や注意すると、継続的な緩和にはつながりにくいです。

　保護者の表情やしぐさ、発言から、「お母さん、お帰りなさい。今日も１日お疲れさまでした」と、「話し方」「状態」「呼吸」などの行動の波長を合わせる「ペーシング」をしながら、「お時間心配ですよね」「ちょっとあせっちゃいますよね」と、感情を鏡に映すように「ミラーリング」するだけでも、心理的に調和のとれた状態を作ることができます（図表6-5）。

　ゆっくり話す保護者にはゆっくり、少し早く話す保護者には少し早めに話したり、大きな声には大きめの声で、小さい声には小さめの声で話します。相手と自分の間に親近感が生まれやすくなり、心の距離感を近づけてくれます。

　無意識でやっていることも多いと思いますが、相手の発した言葉をそのまま返す「バックトラッキング」も取り入れていきましょう。「急いでいるのよ」という言葉に対して「急いでいるんですよね」と返すような具

合です。保護者の言葉を繰り返しているので、「そうなんです」という肯定的な反応になりやすく、自分の話を聞いてくれていると感じやすいです。保護者が話しやすい雰囲気や空気を作り出し、安心感や心地良さを感じてもらうことができます。

信頼関係を強める

　保護者のハラハラ・イライラする心が不快な状態を、一次感情に寄り添うことで波長の乱れを緩和して快の状態に整えていくことができます。理不尽や苦情やハラスメントとなって表出するのではなく、感謝や信頼に変わるようになります。笑顔であいさつや言葉かけを心がけ、一言でも子どものことを伝えるなど、日々の小さなコミュニケーションを重ねることが、保護者の一次感情を落ち着かせる効果となり、ハラスメントを予防する基本です（図表6-6）。

　日頃からこうした関係を築いていれば、保護者もいきなり理不尽な苦情を言うのではなく、何かあればまずは相談するなど、ハラスメントに発展することは少なくなります。クレームや苦情がきても、ハラスメントに発展する前に、落ち着いて段階的な対応ができ、信頼関係が強くなります。

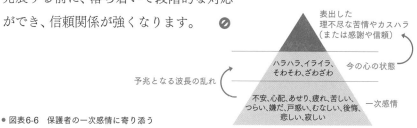

● 図表6-6　保護者の一次感情に寄り添う

4

保護者からの
クレーム・苦情への具体的な対応

カスタマーハラスメントの防止

　パワハラ防止法（労働施策総合推進法）に基づき労働政策審議会で示された指針（事業主が職場における優越的な関係を背景とした言動に起因する問題に関して雇用管理上講ずべき措置等についての指針）では、事業主が講ずべき必要な体制の整備として、以下の事柄が盛り込まれています。「顧客等からの著しい迷惑行為」と具体的な定めをすることで、カスタマーハラスメント（カスハラ）についても防止に踏み出しているのです。

「事業主は、他の事業主が雇用する労働者等からのパワーハラスメントや顧客等からの著しい迷惑行為に関する労働者からの相談に対し、その内容や状況に応じ適切かつ柔軟に対応するために必要な体制の整備として、4(2)イ及びロの例を参考にしつつ、次取組を行うことが望ましい。
また、併せて、労働者が当該相談をしたことを理由として、解雇その他不利益な取扱いを行ってはならない旨を定め、労働者に周知・啓発することが望ましい。
イ 相談先（上司、職場内の担当者等）をあらかじめ定め、これを労働者に周知すること。
ロ イの相談を受けた者が、相談に対し、その内容や状況に応じ適切に対応できるようにすること。」

　職場におけるパワーハラスメントは、①優越的な関係を背景とした、②業務上必要かつ相当な範囲を超えた言動により、③就業環境を害すること（身体的若しくは精神的な苦痛を与えること）という3つの要素を満たすものです。カスハラは、行為者であるカスタマー（顧客）の「業務上」の行為ではありませんが、②について「業務上」という言葉を除くか、「取引上」等と置き換えるとわかりやすくなります。

　それでは、園にとって「顧客等」とは誰のことでしょうか。心から本当

に喜んでほしい人は誰ですか。児童福祉に関する事業として、まずは子どもではないでしょうか。子どもは、園や保育者にとって「最終的な顧客」であり「最優先される顧客」です。ただし、子どもが自ら数ある選択肢から最善の便益を選択し、「行きたい」といって決定権をもって通っているわけでは必ずしもなく、行為者として該当しません。児童福祉法第39条では、「保育所は、保育を必要とする乳児・幼児を日々保護者の下から通わせて保育を行うことを目的とする施設とする」としており、「通わせて」保育をしていることを胸に留めておきましょう。

保護者の法的位置づけ

児童福祉法第18条の4では、保育者とは「専門的知識及び技術をもって、児童の保育及び児童の保護者に対する保育に関する指導を行うことを業とする者をいう」と定義しています。前述の項目における「顧客」については、一般的に顧客として想定されるのは、利用者であり受益者である保護者です。

また「顧客等」と「等」として広く解釈の余地を残しているので、「利害関係者」と考えるとわかりやすいです。園にとっては、例えば「行政」です。監査などで「理事長は帰ってよい」「これでもうお終いだ」などと職権を濫用した威圧的、脅迫的な言動をすることは、広義の意味でカスハラになりえます。「地域住民」も該当するでしょう。「うるさくてかなわないから外には出さないでほしい」「移設してほしい」などといった、既得権等を濫用した阻害的、排他的な言動をすることも同様です。

クレーム・苦情とハラスメントの境界

　保護者からのクレームや苦情は、「子ども同士のトラブル」「保育者の対応」「保護者同士のトラブル」「園の方針やカリキュラム」「園の人員配置や設備」に関することなど多岐にわたりますが、必要かつ相当な範囲を超えた言動は、ハラスメントに該当する恐れがあります。逆にいえば、適正な範囲の業務指示や指導についてはパワハラに該当しないように、カスハラにおいても、適正な範囲のクレームや苦情は該当しません。

　例えば、「保護者対応が悪すぎてお話にならない」として、改善や弁明の余地を与えない高圧的で一方的な要求をしたり、「手土産ぐらい持参して、謝りに来なさい」など、通常の謝罪を超えて過度に何度も謝罪を要求したり、「辞めさせてほしい」「担任を替えてほしい」など解雇や配置転換などの不利益変更や、「相手の保護者は、園が退園処分を検討すべきだ」と実現不可能な要求が求められる場合は、職場環境を害する恐れもあるカスハラを想定し、信頼関係を再構築する対話を重ねながら、組織的に対応することになります。

クレームや苦情の原因を追求し、対応する

　保護者に関するハラスメントは、合理的な権利の行使であるクレームや、感情的な理解を伴う苦情の両面から理解しておくと、適切な対応がしやすくなります。合理的な主張が含まれる場合は、合理的な方策で臨み、感情的な要求が含まれる場合は、愛情的な応答で臨みます。

例えば、「クッションマットの上で転んですりむいた」というクレームに対しては、テープで四隅をとめるなど、マットがすべったり足を引っかけない工夫をします。「忙しいのに、子どもの体調が悪いからといってすぐ電話をしてこないで」という苦情に対しては、感情的な要求で返さず、突然のことで心配をかけてしまうことや、責任や立場のある仕事へのあせりの気持ちを労り、受容・共感しながらやりとりをします。

　このように、明確な原因があってクレームや要求という結果となっていることに対しては、「問題の原因」を追求することで、解決や解消が結び付いていきます。私たちは「問題」が起こると「原因は何だろう」と考えて、改善しようとします。「送迎時、子どもが泣いていてお母さんが混乱している」→「持ってきたおもちゃをなくした」→「探して名前を書いておく」→「安心する」などといった流れです。これは「直線的因果論」であり、1つの出来事を原因と結果がある因果関係としてとらえて、その原因を「なぜだろう」と模索する思考パターンです（図表6-7）。

　結果が生じるには何らかの原因が存在すると考えます。「遅刻した」という結果には、「電車が事故で遅れた」「電車が遅れてもいいようにゆとりをもって出発しなかった」といった原因があったという具合です。何らかのミスやエラー（原因）があってトラブル（結果）があると考えるので、改善するために、ミスをなくしたりエラーを取り除こうとします。

　日常的な生活では、「何か問題なのか」といった問題解決思考となることが多いです。これは、ある結果Bの原因はAであると、直線的にその因果関係をとらえる直線的因果論をもとに成立しています。

● 図表6-7　問題解決思考による直線的因果論

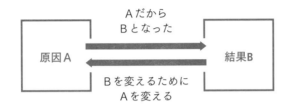

原因追求の落とし穴

　一方で、対人援助職が直面するハラスメントを含む人間関係では、「問題の原因」と「解決」が結び付かないことが多く、「問題の原因」を追求することがかえって問題となることがあります。それぞれに「価値観」「保育観」「子育て観」「常識」「当たり前」「普通」といった「正しさ」があり、原因さがしをすることは、「ここが違う」「これが悪い」とそれらを否定することになりやすいためです。

　多様性を理解し受容しようとする「心理的多様性」は、自己否定感や他者否定感からは生まれません。お互いが正しいと思うことは容易に譲れなくなるので、「あの保育者はわかってない」「あの保護者はおかしい」など責め合う構図となり、「いったいどうしたらよいのか」と堂々めぐりで行き詰まってしまいます。

　自分の正しさを主張して証明し合い、相手の間違いを探して指摘し合うことで、不快な感情の状態となり、話を聞くことも苦しい状態になっていきます。人間同士のことは感情や感覚を伴うので、科学的・合理的な

アプローチでは理解できないことがあり、どちらも悪くなく、どちらが正しくもなく、どちらも原因であると同時に、どちらも結果ともなりえるものです。

円環的認識論でとらえ直す

　そこで、「円環的認識論」に立ってとらえ直してみましょう。これは、原因や結果は一つではなく、どれもが原因でどれもが結果として、ぐるぐると円を描くようにお互いに影響し合っているという考え方です。

　例えば、よい母であろうとすればするほど、育児がうまくできないことに悩みをかかえていきます。悩んでしまうので、かみつきなどの行動をする子どもの反応に混乱したり、園の保育内容に口を出してしまいます。すると子どもはびっくりして、さらに問題となる行動を起こしたりします。母親は自分を責めて、より良い母にならなければならないと思いつめてしまうかもしれません。その結果、子どもを叩いてしつけたり、園に理不尽な苦情を言ったり、不快な感情をぶつけるハラスメントを無意識に行うという具合です。

　子どもも保護者も園も、それぞれが原因であり結果です。「虫の目」ではなく「鳥の目」で全体をとらえてこの悪循環に気づき、いったん「停止」させることです。過去に向かって「本当の原因探し」をして取り除こうとするのではなく、未来に向かっていつものパターンにはなかったできることを試します。原因をむやみに探したりせず、変えられそうなところから変えてみて、それでよければそれでよしとするのです。

プレジャーマネジメントの応用

　保護者に関するハラスメントの悪循環を停止できるのは、保護者自身ではなく、悪循環に気づいた園です。保護者に関するハラスメントを変えようとするのではなく、わかろうとするだけも、結果としていつもの言動が変わってくることがあります。

　ここでは、円環的認識論を快の感情でとらえたプレジャーマネジメントで考えます（図表6-8）。不快な感情の発見は、次の不快な感情の発見を生むだけです。未成熟・未完成の状態ではなく、保護者の存在や言動の「うれしさ」や、子どもの育ちの「よろこび」にフォーカスします。保護者がうれしさを感じて笑ったり、協力的な言動がされたことはありませんでしたか。あったとしたら、具体的にどんな状況だったか。また笑ってもらえる状況を作るためには何をすればよいのかなどを考え、好循環に切り替わるヒントを探ります。

　「大きくなって新しい靴を初めて履いてきたことに気づいたら、うれしそうだった」などとヒントが見つかれば、次に会った時に「あの靴を履くとき、○くんうれしそうでしたもんね」「お母さんが買ってくれたんですね」「何であの靴を選んだのですか」「今はまた少し大きくなって。成長が早いですね」などと声をかけられるはずです。あるいは、「遅くまで待っててくれてありがとう」と言われたなど、保護者とのかかわりでうれしかったことを思い出して今の状態に意味づけて感謝して伝えたり、次に反応できるようになることです。

　自己中心性に陥った保護者も、自分自身が他者に与えた「うれしさ」

を感じることができたとき、園における自分の存在や社会性を感じることができます。

　そして、根本的な原因はわからず、誰も何も変わっていないのに、なぜかハラスメントがなくなったという解決の仕方が実現するのです。　◉

● 図表6-8　プレジャーマネジメントによる円環的認識論

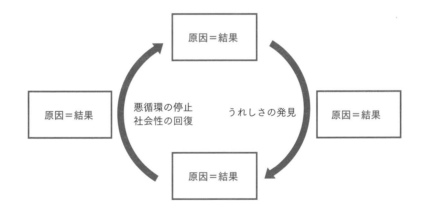

5

園としての
個人的・組織的な対応

小さなコミュニケーションの積み重ね

　保護者に対する保育者の個人の対応としては、日頃から小さなコミュニケーションを重ねることが大切です。そのコミュニケーションでは、子どもとの保育で味わった「うれしさ」（喜）の感情を意識して表現しましょう（感情的コミュニケーション）。見守ってくれている保育者の声かけや笑顔に子どもが「うれしさ」を感じるように、自己の「うれしさ」は他者の「うれしさ」によって認知・強化することができます。

　子どもは、保育者が喜んだら喜んだだけ、保護者が喜んだら喜んだだけ、うれしい気持ちが広がります。保育者であれば、子どもが喜んだら喜んだぶん、保護者が喜んだら喜んだぶん、保護者であれば、保育者が喜んだら喜んだぶん、子どもが喜んだら喜んだぶん、それぞれの立場で自分の「うれしさ」にすることができます。

　わが子のことを自分のことのように喜ぶ保育者を、頑なに疎ましく感じる保護者がいれば、自然な感情表現として継続したり、ストロークやラベリングなど、さまざまな技法で表現を工夫します。「うまく伝わらなくてなんか苦手」というときも、無理をせず相手にも求めず、職務として伝えることを停止させないことです。

　保育者も心身ともに疲弊し、いつもおだやかに笑ってばかりはいられないでしょう。それでも、子どもから身近で直接的に「うれしさ」をもらうことはできるはずです。それをひとり占めせず、保護者におすそ分けする感覚です。

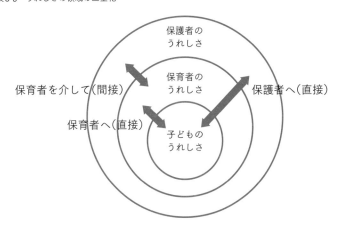

● 図表6-9　うれしさの領域の三重化

保護者の
うれしさ

保育者の
うれしさ

保育者を介して（間接）

保護者へ（直接）

保育者へ（直接）

子どもの
うれしさ

子育てを支援する感情的コミュニケーション

　保育所保育指針には、「保護者が子どもの成長に気付き子育ての喜びを感じられるように努める」ことが明記されています。374頁にわたる保育所保育指針解説では、以下の文言にもあるように、実に129文字の「喜」が散りばめられています。毎日時間を割いて保護者全員と細かに個別に伝えることは難しいですが、送り迎えの挨拶や表情、ちょっとした言葉かけはできるでしょう。信頼関係や「何があっても大丈夫ですよ」という「心理的安全性」は積み重ねが肝心です。様子が気になった保護者には意識的に声をかけるだけでも、ハラスメントの予防につながります。

　反対に、仕事や家事で疲弊や葛藤を抱え込んでいる中で、園でも事務

的なやりとりに終始するなど、育児の喜びを感じにくくなったときに、保護者の苦しい事情は深まり、不快な状態が子どもや職員へのハラスメントとなって表出しかねません。

【保護者に対する基本的態度】
保育所における子育て支援に当たり、保育士等には、一人一人の保護者を尊重しつつ、ありのままを受け止める受容的態度が求められる。受容とは、不適切と思われる行動等を無条件に肯定することではなく、そのような行動も保護者を理解する手がかりとする姿勢を保ち、援助を目的として敬意をもってより深く保護者を理解することである。また、援助の過程においては、保育士等は保護者自らが選択、決定していくことを支援することが大切である。このような援助関係は、安心して話をすることができる状態が保障されていること、プライバシーの保護や守秘義務が前提となる。このように保育士等が守秘義務を前提としつつ保護者を受容し、その自己決定を尊重する過程を通じて両者の間に信頼関係が構築されていく。
また、保育士等が保護者の不安や悩みに寄り添い、子どもへの愛情や成長を喜ぶ気持ちを共感し合うことによって、保護者は子育てへの意欲や自信を膨らませることができる。保護者とのコミュニケーションにおいては、子育てに不安を感じている保護者が子育てに自信をもち、子育てを楽しいと感じることができるよう、保育所や保育士等による働きかけや環境づくりが望まれる。

保育所保育指針解説　第4章子育て支援　1保育所における子育て支援に関する基本的事項

社会的資源の活用

　理不尽な要求を押しつける保護者、厳しい口調でクレームをつける保護者、保育者の話に聞く耳を持たない保護者など、保護者を読み取る一面は多様です。また、これらは「忙しそうで話しかけにくい」「こんなこと聞いたらおかしいと思われる」「説明されたのかもしれないけどわからない」など、「先生」という存在に対して心理的な壁が解消できずに、

保護者が抱え込んでしまった結果かもしれません。保護者が求めている「社会的資源」(ソーシャルサポート)は何かを考えて、必要な資源を届けられるようにしましょう。

　社会的資源には、3つの資源があります。「情緒的サポート」は、共感したり声をかけたりすることで、うれしさや愛情を感じるなど、心の支えとなるサポートです。気にかけてくれることがわかるだけで、安心感を得られることがあります。「道具的サポート」とは直接的な援助を意味します。保育者であれば子どもを預かることが実質的なサポートになります。急な預かりやお迎えの遅れなどは困惑することもあると思いますが、見守ってあげることもよい支援になるときがあります。

　最後は、「情報的サポート」です。これは、問題に対処するために必要な情報や知識を与えるサポートです。例えば、子どもの「かみつき」にはどういった発達過程の意味があるのかを伝えるなどです。園ではどのような保育をしているのか説明することも、保護者にとっては子育てのヒントになります。　　　　　　　　　　　　　　　　　　　　　　　◉

6

アサーティブ
コミュニケーション

相手を大切にする姿勢

　保育者は保護者にとって社会的資源となる子育てのよき味方ですが、偏ったパワーバランスが生まれないかかわりを心がけましょう。保護者との間に主従、主客、上下のような関係が生まれると、「主」や「上」に優位性や優越性が生じやすくなります。すると、潜在的なハラスメントの背景となったり、要求や苦情がエスカレートし、ハラスメントを助長しやすくなります。保護者のよき味方である専門的なパートナーとして、年齢などを問わず、それぞれの立場でなるべく対等な目線で対話を心がけることです。

　日頃から受け止めることはしっかり受け止め、伝えることはしっかり伝えるという関係性を、保育者側から築くことが望まれます。そのためには、対人援助職としてのコミュニケーションスキルを磨いていくことです。

自分も大切にするアサーティブコミュニケーション

　その一つが、「アサーティブコミュニケーション」です。アサーティブとは、相手だけではなく自分のことも大切にすることができる話し方です。

　具体的には、「うれしい、ありがたい、申し訳ない、困っているなど、自分の気持ちを言葉にする」「客観的な事実をもとに、いつまでにこの点をなどと具体的に一つにしぼってお願いする」「自分の責任や過失も認めて謝り、自分にできることを伝える」「過去ではなく未来に向かって、人ではなく行動に焦点を当てる」「話してくれたことに感謝して、いった

ん引き取る」など、自分自身の気持ちや考えなどを、率直かつ正直に、その場の状況に合った適切な方法で話します。一見、相手を思いやっているようにみえる対話も、我慢をしたり、強い不満を感じていれば、過度なストレスとなり、結果的に、他の職員や子どもに強く当たり、コミュニケーションが成り立たなくなりかねません。

　また、保護者が感情的に強くぶつかってきたときなど、話すことを「いったんやめる」と判断することもアサーティブの一つです。話を能動的に聞くことで、相手の気持ちや考えを整理することを手伝い、最終的に自分の気持ちや考えも整理することに役立てます。アサーティブコミュニケーションをうまく機能させるには、傾聴の技術を習得しておくと有効です。「あたたかい表情で目をみてうなずく」「相手の話の内容をおうむ返しする」「相手の感情を言葉にする」「相手の関心に関心をもって掘り下げて質問をする」「確認する質問をする」などです。

　傾聴とアサーティブの技術を使い分けることで、保護者に一方的に振り回されずに、近すぎず遠すぎずの距離感をもって寄り添えるようになります（図表6-10）。　　　　　　　　　　　　　　　　　　　　　　　⊘

● 図表6-10　「聞く」「話す」コミュニケーションスキル

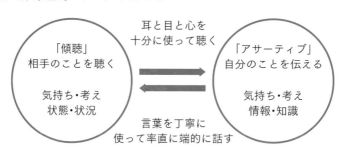

耳と目と心を
十分に使って聴く

「傾聴」
相手のことを聴く

気持ち・考え
状態・状況

「アサーティブ」
自分のことを伝える

気持ち・考え
情報・知識

言葉を丁寧に
使って率直に端的に話す

保護者に対する組織的な対応

園の体制の可視化

　保護者に対する組織的な対応としては、ハラスメントに直面した保育者へのサポートと、不適切な言動をする保護者へのサポートのために、園の体制を公開することです。保育者も保護者も、孤立させてはいけません。①職員の相談窓口、②担当者・保護者の相談窓口、③担当者を相談内容によって使い分けられるように階層的に存在していると、相談する側には選択肢ができ、相談される側も偏りにくく、余裕が生まれます。

　苦情相談窓口や法定の衛生委員会などすでにある機能は有効に再機能させましょう。また、白黒つけて争うことが目的ではないので、適切なメディエーター(仲介者)を配置し、話し合いを通じて調停できるようにすると、物事がこじれる前に仲裁しやすくなります。園内で直接相談しづらい内容や、客観的に話を聞いてもらいたいときは、法人の理事会などの内部統制機能や第三者の専門家や専門機関など、外部統制機能が組織的に配置されていることも有効です。

　そうして得られた経験は、ヒヤリハットや防災訓練のように組織的な予防対策に活かせると、「非日常的でイレギュラーな事態」ではなくなり、いつでも誰にでも起こりえることとして、安心感をもって対応できるようになります。あわせて、園としてのインフォームドコンセント(説明責任)を果たせるように、職員に対する「就業規則」の改善、保護者に対する「重要事項説明書」の改善から、協力してほしいことや禁止事項などを明文化していきましょう。相談窓口の担当者はハラスメントに関する研修を定期的に学んでいることが大切です。

過度なクレームや苦情への組織的な対応

　過度なクレームや苦情に対しては、情報を集めて状況を整理しながら、園の保育理念や保育方針に照らして、実行の可能性があり妥当性のある要求なのか、実現が不可能で理不尽な要求なのかを判別していきましょう。その基準は「自分の子どもだけでなく、他の子どものためにもなる要求」か「自分の子どもだけで、他の子どものためにはならない要求」かどうかです。その上で、重要かつ今できることから対応します。

　例えば、「熱中症対策のため、30分ごとに、家で飲んでいるスポーツドリンクを飲ませてほしい」と執拗に要求されたときも、園として重要かどうか、今すぐできることはないかを考えます。「そんなことまではできません」とすべて否定するのではなく、共感・理解を示しながら気持ちや考えを聴き、保育方法等に対する説明責任を果たしながら、園にとって他の子どもたちのためにもなる要素を一緒になって探すのです。

　そうすると、「職員単位で麦茶を用意する」「時間を決めて声をかけて麦茶休憩をする」「3倍に薄めた特製ドリンクが飲める日を設ける」など、園の実情に合った方法が見つかることがあります。

　また、「できることマッピング」（図表6-11）などで、保育者と保護者の健全かつ協力的な関係を目指して、今努力することで変えられる「できる（可能）」か「できない（不可能）」ことかを、分類してみることも有効です。重要なことでも今は難しいことなどは、長期的な目線でお互いに良好となるように今できる代替案を示します。

	可能	不可能
重要	今、努力する（目安を示す）	代替案を検討（お互いに良好か）
非重要	余裕があるとき（感謝を示す）	自分たちを守る（方針を示す）

保護者支援としての機能

　園は子どもや保護者の「子育てシェルター」、保育者は「子育てパート
ナー」の役割ももっています。保護者に関するハラスメントは、最終的
には誰の課題であるかという「課題の分離」を行い、責任や役割をはっ
きりさせると、解消や解決ができないことも余裕をもってとらえること
ができます。「保育者の課題」「保護者の課題」、または「園の課題」「保護
者の課題」と、問題を分けて考えてみるのです（図表6-12）。

　例えば、「保護者が品のない身だしなみをしている」のは、主語や主体
は保護者であり、保護者の課題です。必要以上には踏み込めず、あれこ
れと真剣に悩んでも解決しにくいとわかります。一方で、「私（保育者）は
保護者の暴言をゆるせない」というのは、主語や主体は私であり、保育
者の課題です。保育者の課題とわかれば、「最近の様子をゆっくり聞い
てみよう」など、自分ができる行動に移すことができます。課題の分離
を行い仕分けをすることで、保育者や園としての最善の選択に集中しや

すくなります。「私にできるベストのこと」と思えると心にゆとりが生まれ、行動しやすくなるのです。「私は私、あの人はあの人」などどこかで一線を引く気持ちが、園や保育者を守ることにもつながります。

　たとえ思ったような解決ができなくても、自分が決めて行動したことなので、納得して次の課題に向き合うことができます。そうして、園と保護者を含めて視野や考え方を広げていくことができ、結果的に職場全体を快の状態にする好影響が生まれます。

　一つずつ向き合って対応していくことで、保護者との関係が、園の利用者としての他人レベルや知人レベルの外集団から、協同的な真のパートナーレベルの内集団へと深化していきます。建設的な意見交換もしやすくなり、公平で開放的な保護者との関係が園に生まれます。　　　　　◎

● 図表6-12　課題を分離して向き合う

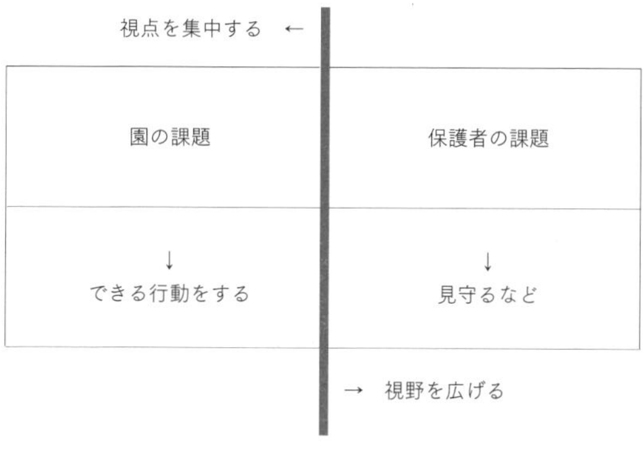

視点を集中する　←

園の課題	保護者の課題
↓	↓
できる行動をする	見守るなど

→　視野を広げる

第 7 章

事例から考える
保育者・園の
ハラスメントへの対応

新人が置かれた環境に気づかずに、追いつめていた

事例 1

　ある認可保育園では、今年採用した1名（新人A）を4歳児クラスの担当にしましたが、5月の連休明けから来なくなってしまいました。自宅に電話をすると、保護者から「朝起きられずに吐き気がすると言っている」という話があり、「園に連絡していなかったとは知らなかった」ということで、本人と話ができそうなときに連絡をもらうことになりました。

　その後、自宅近くの喫茶店で園長がAと会うことになりました。Aは「申し訳ありません」「自分は保育士に向いていない」「自分がいると先輩や子どもに迷惑をかけてしまう」と言います。「何かあったの」「みんな心配している」という園長の言葉かけには、具体的な回答はなく、「わからない」というばかりでした。

　最初は「休み中に何かあったのかもしれない」と軽く考えていた園長ですが、他の職員に「何かかかわったとこはなかったか」と尋ねても、「わからない」「現場は困ってます」という言葉が返ってくるだけでした。

　次に会ったとき、Aからは「保育士になりたいと思ったきっかけ」「学生時代のこと」「自分の欠点」などの話が出るようになりました。「そうだったんだね」と相槌を打っているうちに、この1か月間であった園での様子も話してくれました。

　たくさんの子どもやそのにぎやかさに圧倒されたものの、子どもにかかわることは楽しかったようです。しかし「あなたがいるとクラスが荒れる」とクラスリーダーに言われてからは、好きだった身体を使った遊びをしないようにしました。慣れない連絡帳のやりとりは、午睡中に書き終えることができないと、「なんで終わってないの？」と言われまし

た。「全部やってね」と言われ、壁面装飾でこいのぼりを作ると、「元気が出ない」「こんなの誰が喜ぶんだろう」とつぶやかれ、作り直すことにしました。残業していると、同僚から「リーダーに『残る』と報告した？」「何しに来てるの」「掃除だけしてて」と手で押されて、「私たちは忙しいから一人でして」と一人ですることになりました。

　一度体調を崩して休んだときには、「何も言わずに何で休んだの」「それくらいで有休とられたら回らない」「入ってすぐに休むなんて甘えでしょ」と、有休の申請の方法も教えてもらえませんでした。そうしているうちに連休に入り、ベッドから起き上がることができなくなりました。園長はそれ以上聞いていられなくなり、お詫びとお礼をいって園に帰ることにしました。

　園長はハラスメントが起こっていることに気がつきました。すぐに同じクラスの担任などに確認すると、「Aはスミマセンが口癖で何も言えなくなる」「何も考えずにすぐに謝る」など、Aが足手まといになっているという陳情がありました。1か月の間にどうしてこうなってしまったのか、Aの復職を考えていた園長は、「どうしていいかわからない」と、目の前が暗くなりました。　　　　　　　　　　　　　　　　　　　　　　　Ø

考えてみよう

問①　何がパワハラになっているのでしょうか。

問②　パワハラが起こった背景を、
　　　それぞれの立場で考えてみよう。

問③　園長の行動を振り返り、
　　　望ましい方法を考えてみよう。

問④　今後どのようにしたらよいか、
　　　それぞれの立場で考えてみよう。

3要件・6類型に当てはめる

　「パワハラ」となる3要件を確認してみましょう（30頁参照）。まずは「優越的」かどうかです。先輩やその他の職員がAよりも立場が優位であったことが、リーダーの行為から読み取れます。

　次に、「業務上の必要の範囲」かどうかです。業務上必要な発言や指導の範囲を逸脱していなかったでしょうか。「クラスが荒れる」というのは、子どもの育ちの過程をとらえた注意だとしても、「かかわり方」「指導の仕方」があります。「職場環境を害する」かどうかですが、Aにとって職場環境は快適でしょうか。

　典型的な例には6類型ありますが、類型ごとに特徴を見てみましょう（50頁参照）。①「身体的攻撃」ですが「手で押されて」が該当してきます。「手の力を使う」という行為は、手を出さないと回避できない事故があったなどの高い必然性がない限り、その強さ弱さなど

の加減に関わらず、パワハラになりうると考えましょう。②「精神的攻撃」ですが、「何しに来てるの」など存在や人格を否定するような言動があります。③「過大」は大きすぎる要求をすることです。「全部やってね」などと、終業時間前に終わらない業務を指示しています。④「過小」は小さすぎる要求をすることです。例えば「掃除だけしてて」ですが、掃除は保育士の職務として付随的なものです。それだけをたださせるのは、保育士として採用したからには、適当ではないということになります。⑤「人間関係の切り離し」は、「私たちは忙しいから一人でして」などです。特定の個人に負荷をかけることは、個人が抱え込むことになり切り離し行為となりやすいので注意が必要です。⑥「個の侵害」は、プライバシーを侵すことですが、「何で休んだの」と問いただす必要はありません。有休の取得理由はさまざまで、聞く必要がないことです。

迅速な職場環境の改善

　このように3要件を満たし、かつ典型的な6類型にも該当しています。パワハラが行われていたことは明白になりますが、問題は実際にどのようにAを保護し、対策を実施し、繰り返されないように予防に努めていくかです。

　事例では、指導をする「指導者」や見守ることのできる「管理者」が出てきません。同じメンバーで仕事をしていると安定感が出てきますが、「育てる技術」が磨かれない恐れもあります。園長もどのように育てていくかという観点では、現場まかせでした。まかされた現場も、「忙しいのになんで新卒だけ大切にされるんだ」など気持ちを害してもおかしくありません（60・64頁参照）。

　Aには、「朝起きられない」「吐き気」など身体的な影響が出ていま

した。そのため、復職するにあたっては、主治医などの判断を仰ぎながら「治療」をすることになります。園長は覚悟をもってAの復職を支援することを決めました。定めた主治医などと相談をして3か月の当面の休職期間を設けました。本人の意思によっては退職となることもあります。本人は意思決定ができない状態でしたが、園の申し出による休職を受け入れてくれました。3か月間で職場の環境を整えていく必要があります。

　パワハラが発生すれば、スピード感のある対処が求められます。対応を誤って「なんでそこまでするのか」「本人の問題でもあるのではないか」という声が出ると、「セカンドハラスメント」にもつながります。隔週目安のスケジュールで園長とAは「お茶会」をすることになっており、そのためにもやることとやらないことを絞りました。

改善すること・しないことの見極め

　まずは、やらないことです。「担当クラスを替える」ことが検討されましたが、安易に担当を替えることは本質的な解決にならず、遺恨を残すかもしれません。子どもや保護者との関係もできてきたので、担当クラスは替えませんでした。また、行為者（他の職員）を責めることもしませんでした。

　次に、やることです。クラスは替えませんでしたが、一部の時間帯や活動に異年齢保育を取り入れ、ベテランのパート職員と年齢の近い30歳代の職員をメンター役にして「雑談」をします。メンターには、「お茶会」に同席してもらうことになりました。

　園全体の改革としては、主任は必ずクラスリーダーと意見交換する時間をシフトの中に設けました。さらに職員間の信頼関係を築いていくために、「ストローク」と「ディスカウント」を実践を通じて毎

日10分間勉強することにしました（67・148頁参照）。さらに、職員全員に対して、入職から今までの「できたこと探し」をしてもらい、指導では「できていないこと」だけではなく、「できたこと」も見えるように補正しました。

園長の決断がＡの復職に働く

　限られた勤務時間の中で３か月間集中的に取り組んだことで、職場の温度が変わりました。ポイントは、園長が現実に向き合い、指導の理念や方針を考え、Ａの受け入れ体制を整えたことです（62頁参照）。

　時間を捻出するために、会議や役割分担の回数や量を見直すという調整もしました。メンターとの話し合いもあり、Ａは２か月目から週１日ずつ職場を見て回る「ラウンド」をすることになりました。そこでは今までに見られなかった言葉かけが、職員や子どもからあったようです。

　３か月目には、無事に復職することができました。「あのとき辞めなくてよかった」と語るまでになり、「感謝しています。私にも後輩ができたらがんばります」と他職員への感謝や信頼も芽生えました。そのとき取り組んだ内容を継続して定期的に見直しながら行っていることで、職場の風通しもよくなりました。　　　　　⦸

育児と保育の両立に思い悩む保育者

　　入社して3か月、保育者Cは自分が妊娠していることがわかりました。翌月、意を決して主任に報告をしました。勤務する園はC自身が子どもの頃に通った園であり、そのときの保育者のようになりたいと思って入職しました。主任は戸惑いました。園では産休をとるのは早くても20歳代後半でした。毎年クラス配置を決めるとき、事前に「計画」の相談をしてから、産休は「ずらしてとるのがマナー」となっていたのです。

　主任の第一声は「それってどういうこと？」で「結婚してないよね」「相手はだれ」「予定日はいつなの」「試用期間も終わったばかり」「園長に相談して」と言われました。そして、園長に「こんなことになってしまってすみません」とお詫びをしました。

　園長は「それは本当ですか」「それは困りましたね」と言いました。びっくりして出た本心のようでしたが、その後「わかりました」「後でまた話をしましょう」とだけ言われました。

　お腹が気になり始めると、同僚から「妊娠は本当だったんだ」「見学以外に何ができるか考えて」などと言われました。やがて「その日が予定日ってことはいつしたかわかる」と噂になり「大胆」「勢いがあっていい」「さすが卒園児」とからかわれるようになりました。同僚に相談すると、「一番最初に相談してほしかった」と言われ、「入ってすぐ産休はないね」「1年目は法律で取れない」とのことでした。

　思いあぐねる日が続き、妊娠悪阻などもあり体調を崩すことが増え、あるとき下腹部に痛みを感じ、流産となりました。

　翌年3月まで休職となり、春に復帰しました。その後結婚をして、無

事に第一子を出産しました。不安や心配、過去の後悔を吐露することはあっても、うれしさがありました。産休後は育休に入りました。

　子どもが1歳になる日（12月）に向けて、復職日を確認するために、Cは園に連絡を入れました。すると「4月の復職にならないか」「3月になったら一度園にきてほしい」ということでした。そこで育休を延長しました。3月に電話をし、出産後初めて園に行きました。

　園長にあいさつすると、主任とともに喜んでくれました。4月からは「1歳児のサブで入ってみては」と言われました。子どもが3歳になるまでは正職員のまま短時間で勤務できることを知り、ほっとしました。話し合いの結果、9時半から16時半の6時間勤務となりました。

　復職後は、2年目の保育者Dとクラスに入りました。半年ほど順調でしたが、秋頃忙しくなると「帰りづらい」と感じることが増えました。定時になって「先に上がるけど大丈夫かな」と声をかけても、Dから反応が弱くなってきたのです。主任に相談しましたが、「今、人がいないから」と言われ、パートタイムの職員の応援だけお願いしました。

　パート職員は週3日、10時から15時の勤務でした。その間に「できることを教えてほしい」と声をかけましたが、「どうしたらよいかわからない」「仕事をふるほうが大変」と言われました。

　ある日、保護者から「子どもが履いてくる靴下や持ち物が違うことがある」「名前も書いてあるはずなのでしっかり管理してほしい」という苦情がありました。原因を確認すると、持ち物が入れ替わってしまうことがあるようでした。Dに「どうしてか教えてほしい」と声をかけると、「クソ主婦」「こっちの苦労もしらずに」「サブなんていらない」「お荷物」と言われました。Cは、大変な思いをさせてしまったと後悔しました。家庭で子どもと過ごす時間も慌ただしく、職場でも片身が狭く感じて、「子育てって何なんだろう」と涙が出てしまいました。　　　⓪

問① 何がマタハラになっているのか考えてみよう。

問② 制度面でできることはないか考えてみよう。

問③ 自分がCの立場だったらどうだったか
考えてみよう。

問④ 園長の行動を振り返って、
望ましい方法を考えてみよう。

問⑤ 今後どのようにしたらよいか、
それぞれの立場で考えてみよう。

誤解のあるマナーを放置しない

　復職後は産休前と同じ仕事・同じ雇用形態など「原職復帰」となることが大原則ですが、フルタイムでの正職員だと長期的に難しいなど、希望してパートタイムを選択することもあります。正職員のまま短時間勤務制度を活用することもできますが、子どもが3歳になるまでだったり、園の制度の理解や実際の運用と、職場への周知の仕方によって、個人では見通しが立てづらいことがあります。

　Cの場合、入社後まもなく妊娠していることがわかり、暗に「マナー違反」ではないかとされました。マナーはある集団内での規範であって、法律に抵触するマナーであってはなりません。誤解のあるマナーを放置すると、誤解が生まれやすい園の慣習や風土となってしまいます。ライフイベントは個人で見通しや希望はあっても、すべて

を計画どおりに行えるものでもありません。

制度に関する嫌がらせを考える

　ライフハラスメント予防の観点から、便宜的にフレーミングで検証します（77頁参照）。まずは「制度に関する嫌がらせ」ですが、制度をよく知ろうとしない園の「セルフ・コンシート」（慢心）があります。最初に妊娠報告があった際、出産や育児に関する制度や今後の説明がないなど、初動の対応の遅れが職場で不協和音となり、人間関係を不安定にさせました。職場への周知の不徹底から「1年目は法律でとれない」という誤解も生まれています。入社して1年未満の職員を産休・育休制度から除外するのであれば「労使協定」が必要です。

　園がしたことは、最新の制度の理解を深めることです。その上で「1年未満で妊娠した職員を実際に除外するのか」など、園独自の「ルール」を見直すことです。園として除外する予定がないのであれば、除外規定も労使協定も不要になります。「産前休業・産後休業」は取得が義務であり、「育児休業」等は労使協定により一部を除外することも可能です。母体の健康管理のための産休と、育児のための育休を混合させずに考えましょう。

制度に関する嫌がらせを考える

　「制度に関する嫌がらせ」では、復職後に短時間正職員となったCに対して、「お荷物」などの発言がありました。短時間正職員という制度があることは知っていても、余裕のなさから不本意な発言となっています。Cも相手に答えを求めるように聞こえる質問になったことなど、余裕のなさに拍車をかける場面もありました。

園側は、3月になるまで具体的な復帰の話をしませんでした。復職後の面談も行われていないので、状況を定期的に把握しながら、工夫できることを職場全体で考える必要があります（86・91頁参照）。一緒に働く職員とも面談し、制度について理解を促し、必要な配置を検討するなど、「準備足らず」にならない準備が必要でした。

園独自のルールでサポート

　対策として、子どもが小学校高学年になるまで短時間勤務を可能としました。「園で使えない制度」は「園で使える制度」にすることが必要です。育児に関しては、子どもの成長に伴うライフイベントはある程度想定できるので、見通しを立てていきます。一緒に働く職員に負担が偏らないように、「代替要員」を置くことが大切です。早番・遅番ができる職員を計画的に増やしたり、探したりするとともに、フリーの職員がカバーする体制を整えました。Dにかかった負荷を緩和しながら、Cが子育てと仕事との両立がスムーズに可能になるように、短時間勤務制度など園独自の「ルール」を拡充したのです。

　発熱などで急に休むことになるのは予想できるので、法改正に合わせて、子の看護休暇を有給・時間単位で使えるようにもしました。

状態に関する嫌がらせのフレーミング

　次に「状態に関する嫌がらせ」を、便宜的にフレーミングしてみます。状態に関する嫌がらせは、「配慮足らず」によるところが大きいです。妊娠したのであれば、まずは「おめでとう」「一緒にがんばろうね」「調子はどう」などと声をかけましょう。突然のことに困惑しても、反射的に言えるようにします。

妊娠などの状態に対する「細心の配慮」は全職員に必要です。「結婚してないよね」など、価値観を押し付ける「バッド・ブラッド」（わだかまり）が見られたので、「ライフキャリアの年輪」で、過去の体験や他者の経験を振り返り、対象者の出来事から学んで自分の経験としました。Cに伝えることで、心なく聞こえたかもしれない言動の真意を追体験できるようにしました（81頁参照）。

　「クソ主婦」など感情的になる場面もあり、「グリーンアイ・モンスター」（やっかみ）につながる芽も出始めています。そこで実施したのが、「ウィズ・シッティングテスト」です（92頁参照）。Cの子どもの名前を知ったり写真を見るだけでも、イメージをすることができます。Dも一人で生きているわけではないので、大切にしている人やここまで育ててくれた人を教えてもらい、その人がその場にいるように話し合っていくことで、お互いに自分の主張や主観を「譲歩」し、分かり合えることができました。

取り組みの好循環

　園長をはじめ、役職者が法定の制度としっかりと向き合って正しく理解し、法律をカバーする園のルールを考え、職員への周知を繰り返していくことが有効です。必要な準備や配慮を重ねていくことで、職場全体でライフイベントを受け止め、お互いさまの気持ちを生み出すことができます（90頁参照）。

　いつでもライフイベントを受け止められるように、保育内容を見直してシフトに余裕をもたせ、職員同士の話し合いに使える時間を優先してとることで、「遊び」が生まれるようにしました。子育てというライフイベントを無意識に否定せずに、「子育ても保育も大事で楽しい」と職員それぞれが感じられるようになりました。

事　例 3

介護と仕事の両立に思い悩む主任保育者

秋の運動会が終わり、園長が職員のキャリア面談をしていた時でした。主任Eから「最後に私も加えてほしい」と任意の申出がありました。定期的なキャリア面談は「仕事チェックシート」に基づいて実施していましたが、任意のキャリア面談は、「人生相談シート」に基づいて実施します。Eの相談シートに書かれていたことは、「親の介護に関して」でした。

　Eは一人暮らしで40歳代の女性です。同居している親族はいませんが、園から車で2時間ほど離れた実家に、70歳代の母が一人で暮らしていました。父はEが幼い頃に他界し、弟は離れた都心で生活しています。昨年から認知症の症状が疑われ、心配だから身近で介護をしたいと悩んでいました。

　園長に相談したところ、「介護休業は93日間しかない」「それじゃ何もできないし、先の計画も立てられない」と心配され、保留になっていました。Eは地元で交際トラブルを起こしたり、交通事故を起こしたりと「大人になってからも母親に心配をかけてばかりだった」こともあり、介護休業が難しければ退職することを考えていました。

　園長からはその後、何も話がありませんでした。再度相談をしようとすると、「病院に見てもらったのか」「そのことはもう終わったこと」「君が心配しなくてもなるようになる」とはぐらかされました。主任として期待されていることはわかっていましたが、言い方も冷たく感じました。「私にだって親孝行する権利がある」と思い、以後園長のことが信じられず、なるべく園長とは話さないようになりました。　　　　🖊

考えてみよう

> 問①　何がケアハラになっているのか考えてみよう。
>
> 問②　自分が対象者の立場だったら、
> 　　　どうだったか考えてみよう。
>
> 問③　園長の行動を振り返り、
> 　　　望ましい対応を考えてみよう。

「思い込み」を点検する

　園長は、職場に関する法律について日頃から関心を払う必要があります。近年、園のコンプライアンス（法令遵守）が問われていますが、法令を知らず、適切に理解していなければ、遵守しようもありません。園長一人で難しければ、法人の役員や外部の専門家の力を借りるなどして、「思い込み」がないか相談・点検しながら運用します。

　一方で、法人役員や外部の専門家は、園内の園長等と連携を図りながら、ガバナンス（内部牽制機能・内部統制機能）の面からも継続的に補佐していくことが望まれます（192頁参照）。

制度に関する嫌がらせへのフレーミング

　ケアハラを2つのパターンからフレーミング（当てはめ作業）してみましょう。まずは「制度に関する嫌がらせ」です。制度の理解や周知に関して「準備足らず」になると、意図せずに対象者を嫌がらせることになります。制度に関しては、「目的」「基本理念」などで趣旨やね

らいを押さえておくと、園で必要となることも理解しやすいです。

育児・介護休業法は、「職業生活の全期間を通じてその能力を有効に発揮して充実した職業生活を営むとともに、育児又は介護について家族の一員としての役割を円滑に果たすことができるようにする」ための法律です。仕事と介護のどちらかを選択させるのではなく、どちらも充実して調和がとれた生活が送れるように、社会の変化に合わせて改正が行われています（87頁参照）。

事例にあるように、介護休業は介護対象者1人につき93日間ですが、3回まで分けて取得できます。前述の趣旨からも、介護そのものを休業取得者が行うことを想定した制度ではありません。技術的支援、精神的支援、経済的支援、社会的支援をコーディネートする役割が期待されています、

例えば、「ケアプランの策定・運用」「状態の変化への対応」「看取りの準備」などと、1か月ずつ段階的に節目を設けて休業することも可能です。もちろん、「介護に関する長期的方針を決めるための期間」として93日間を一度に連続で取得することもできます。

介護休業とは別に、3年以内に2回以上の短時間勤務制度も利用できます。1日6時間勤務などの短時間正職員として両立させることができます。さらに、介護休暇を1年で5日間、時間単位で取得することができます。1日8時間勤務の職員であれば、1年間で最大40時間の介護休暇を取得することができることになります。

短時間勤務制度の活用

Eの場合は、介護休業を1か月取得することになりました。そして母親は、認知症の手前である軽度認知障害（MCI）であることがわかりました。医師から毎日少しの運動が認知症の予防に有効と聞いた

ので、夕方から1時間、母親と散歩したり話す時間に充てることになりました。

　そのために短時間勤務制度を活用し、実家に17時に帰れるようにシフトを組みました。通勤が心配されましたが、毎日の散歩が楽しみになり、「こんなことでもなければ一緒に過ごせなかったかもしれない」と充実していたようです。主任にしかできない精神的支援を実施するのと同時に、地域包括支援センターの支援を受けながら市町村と連携して、要介護認定やケアプランの作成の準備に入りました。

職員と親にアンケートを実施

　次に「状態に関する嫌がらせ」です。介護が必要になることは、ライフキャリアにおいては自然なことです（80頁参照）。それでも、そのときにならないと実感が湧かず、対象者への「配慮足らず」となることがあります。介護は職場でも家庭でも話題になりにくい面があります（76頁参照）。だからこそ、「園として該当者がいないときに」「自分の親が元気なときに」「モデル介護支援プランを立てておく」など、できる準備をしておくことが、必要な配慮を生み出すことになります。

　例えば、職員が介護に関してどんな不安やイメージをもっているか、把握していますか。また、親が何を楽しみとしているか知っていますか。把握していれば、必要な配慮もできるのではないでしょうか。

　事例の園長は、厚生労働省の資料を活用しながら、職員や親にアンケートをとることで、介護の話題が自然と出るようにしました。努力義務となっている職業家庭両立推進者を選任して、相談窓口も強化しました。そして「母の日」「父の日」「敬老の日」の前後などで、年に1回話し合う時間を1時間とり、親がいてもいなくても「親孝行」を考え合う職場になりました。　　　　　　　　　　　　　🖉

男性保育者に対する理解が徹底できなかった

園で初めての男性保育者Bは、子どもの頃からキャンプリーダーや障害児のボランティアをしていて、小学校の先生になりたいと考えていました。保育所の職場体験をしてから、乳幼児期のかかわりの大切さを知り、保育現場に強い関心をもちました。

採用は養成校の紹介で、Bの自宅と同じ市内にある園にすぐ決まりました。施設見学をしていたこともあり、「男性用の更衣室やロッカーがない」「先々給料が不安になるだろう」「30歳を過ぎても働くのか」「女性社会でうまくやっていけるか」と周囲から心配されましたが、特に気にすることはありませんでした。

園では4歳児を担当しましたが、毎日が発見と驚きの連続でした。「子どもが自分の師匠」と思うほど、子どもから学ぶ毎日に充実感を感じていました。外遊びを積極的に任されたり、園庭などの整備や行事で頼りにされたりと、思っていたより体力を使う仕事が期待されることもありましたが、「身体を動かすことは好き」だったようです。「自分がやりますよ」と率先して取り組む姿も多くみられました。子どもたちが腕にぶら下がったり、組体操のようなポーズをして遊んだりしているのを見て、「いい筋肉してるね」「ほんとだ立派」「細マッチョ」などと女性職員から背中や腕を触られるようなこともありました。容姿や体つきをいじられたりして照れくささはありましたが、「そんなじゃないですよ」などと笑いながら返し、特に何も気にしませんでした。

ある日、他園の男性保育者のわいせつ行為がニュースで報じられ、「園では男性保育者の対応をどうしているのか」と保護者から問い合わせが入りました。他クラスの保護者でしたが、園長は「うちの男性保育

者は評判もいいので大丈夫です」と説明しました。別の保護者からは「着替えやトイレはどうしているのか」「子どもにも羞恥心を覚えさせてほしい」と声が寄せられました。

　そこで職員会議を開き、保護者の誤解を受けないための検討が行われました。同僚からは「男はつらいよだね」「根性出してがんばりな」「男だとしょうがない」とBを擁護する声もあり、主任からは「うまくやりなさい」と言われました。これも男性保育者の宿命だと、Bは保育の方法を振り返るよい機会だと思いました。

　これまでも「彼女いるの」「女の顔にだまされちゃだめよ」「あの保護者とあやしい」「若いうちはかわいくていい」などと世話をやかれたり、からかわれたり、好奇の目を向けられていました。笑いが起きて場が和むように感じるときもあり、聞き流していました。たまに学生時代の仲間に相談し、「それって逆セクハラじゃん」「いちいちめんどくさくないか」「片身狭いときあるよね」と言い合う中で笑い話になりました。

　2年目の夏のこと。5歳児クラスのサブを任され、他の職員が夏休みに入っている間、何度か乳児クラスのフォローに入りました。すると、園長から呼び出され「SNSに『ロリコンじゃないか』という書き込みがあり、保護者が気にしている」「もう乳児クラスはフォローしなくていい」とい言われました。そのSNSは職員の間でも話題になり、Bはみんなから心ない目を向けられることがありました。

　Bは、やり場のない悔しさと同時に、怖さを感じました。「みんなに迷惑をかけているんじゃないか」「自分じゃなくてもこの子たちは大丈夫」と思い、「一身上の都合」で園を辞める決意をしました。　　　🚫

問①　何がセクハラになっているのか考えてみよう。

問②　それぞれの立場で、
　　　セクハラが起こった背景を考えてみよう。

問③　自分がBの立場だった場合を考えてみよう。

問④　園長の行動を振り返り、
　　　望ましい対応を考えてみよう。

問⑤　今後すべきことを、それぞれの立場で
　　　考えてみよう。

少数者の排除は、次の排除を生み出す

　女性同士や男性保育者に対するセクハラは「問題」とされることは少なく、「多少は仕方ない」と個人の問題にされがちです。男性保育者は、保護者からの目が厳しく心ない暴言があるなど、園長の立場でも頭を悩ませることがあります。「不審な男性保育者がいるのも事実」という風潮も一部であります。

　マイノリティ（少数者）を「排除」しようとする無意識のバイアス（マイノリティ・ブラインド）に気づかずに除外していると、次のマイノリティを生み出し、無意識のうちに攻撃しかねません（99頁参照）。

　多様性を受け止め活かせる園を目指すことが、多様な子どもたちや職員の性差にとらわれず、バリアで閉ざされることのない保育の実践につながります。

「対価型セクハラ」「環境型セクハラ」を考える

　次に、どのようなセクハラが行われていたかです。「対価型セクハラ」「環境型セクハラ」をフレーミング（当てはめ作業）して考えてみましょう（102・104頁参照）。

　「対価型」は、例えば「いい筋肉してるね」と触られたときに、「何らかの反応」をした内容が相手の意にそぐわず、さらなるセクハラを生んだり、仲間外れにされるなど「不利益な扱い」をされることです。「何らかの反応」には、反応しないことも含まれます。この場合、「そんなじゃないですよ」と笑いながら返したことで、相手が「予定していた調和の範囲」であったことで、場が収まったようなので、単純な「対価型」ではありません。ただ、「予定していた調和の範囲」の反応が得られるセクハラは続くこととなり、広義の意味では、本人にとって不利益な対価が生まれることになります。

　「環境型」は、性的な言動により「職場環境が不快」となり、「働きにくくなる」ことです。学生時代の仲間に相談するなど、男性保育者にとっては不快だったのではないでしょうか。性的な言動は聞いている他の職員も嫌な気分になり、「間接的セクハラ」となっている可能性があります。

笑いと笑顔の研究

　具体的な対応は、まずは園長の謝罪と感謝です。次に、セクハラは慣れ親しんだ無意識の慣習から起きていることを職員同士で理解し合い、一つずつ言動を確認します。職場でダメなことはダメと認識することが、予防につながります。

　職員からは、冗談で和ませたのに、窮屈になって職場の雰囲気が悪

くなるのではという声がありました。しかし、すでに特定の人が窮屈になっていることを認識しましょう。そこで園長は「オンリーワンとなるマイノリティを大切にする」という指導理念を立て、「個性など人の性差で人を限定するのではなく、性差が面白く感じられてその魅力が伝えられる保育者を育てる」と指導方針を宣言しました。同時に「オンリーワンで苦しむ職員ゼロ」を指導目標に掲げました（62頁参照）。

さらに、職場を和ます笑いや笑顔を学び合いました（104頁参照）。笑顔は非言語コミュニケーションとなるものですが、「意外性（発見）」「緊張の緩和（予定調和）」「落とし込み（道化）」がどのように影響しながら生じているのかを研究しました。すると、笑いの性質が相手を不安にさせたり、落ち込ませ悲しくさせる笑いなのか、やる気につながりうれしくなる笑いなのかがわかるようになってきました。

Bにとって「アリがどうしても苦手」なことをおどけて笑ってもらったことや、「初めての司会をする前に肩を叩かれた」ときは、リラックスして笑うこともできたようです。

フレーミングとセンターポール

フレーミングと合わせて3段階の「センターポール」を実施します（112・113頁参照）。Bが離職を決意した言動の一つが、「ロリコンだと思われた」ということです。それは①意に反して、②ひどくつらいことだったのです。③平均的な感じ方は、「君だったらどう思う」と何人かに声をかけて聞くことはできますが、それぞれ言うことが異なるでしょう。そこで、言語化・数値化・可視化を行います。「男性保育者がロリコンとSNSで書き込まれた」という事実に対して、「どう感じるか」を言葉にしたところ、「泣きたくなる」「やる気を失う」とい

う類型が多く出ました。別の観点で「奮起してがんばる」「笑って忘れる」と二つの類型を挙げました。対象者と職場の感じ方の平均値をそれぞれプロットした結果、「その立場にならないとわからない」という職員を含めて「泣きたくなってやる気を失う」職員が、対象者と同じく大半だとわかりました。

保育実践の見直し

笑顔を研究し、平均的な感じ方を客観的に認識し合ったことで、Bの決意は、「保育はやっぱり面白い」「今は職場のみんなに感謝している」「嫌なときは嫌と言えばよかった」という気づきに変わりました。

園では、衣食住や着脱衣など、保育方法を明確にする取り組みを始めました。男性保育者が誤解を受けやすい保育方法は、女性保育者でも不適切な言動になると考えて見直しました。それでも誤解されやすい保育方法は、園としてどうするのか丁寧にすり合わせを行いました。例えば、服の着せ方や脱がせ方、排泄介助にかける時間、段取り、防犯カメラの配置、見守る場所、協力体制などです。それらをまとめたものを公表し、保護者説明会で配布・説明しました。

個人情報や不特定多数の力が加わるパワーハラスメントともなるソーシャルハラスメントの観点から、SNSの利用に関して、子どもや職員に関することを書き込まないように、職員と保護者に対する一体的な個人情報保護規程を設けて説明しました。園内の相談窓口の機能を明確にしたばかりではなく、園に言いづらいときや客観的な意見・判断を聞いてみたいとき、仲裁してもらいたいときなど、専門家や第三者と連携して、園外に職員や保護者のための相談窓口を設けました（121頁参照）。保護者間のトラブルに関しても、一切の責任は負わないことを伝え、重要事項説明書の改定・周知を行いました。

子どもから
困られた保育者

　保育者Fが受け持ったクラスは5歳児でした。初めて3歳以上児を担当する副主任と組むことになりました。「お話が聞けず落ち着きがない」「突然大声を発する」「かみつき癖がある」「アレルギーや基礎疾患」など、いわゆる気になる子が多く、読み聞かせや合奏の合間など、その場から離れたり保育室から「脱走」する子どももいました。副主任はこれまで保護者や園の信頼もあり、「先生の言うことは子どもたちが素直に聞く」と評判でしたが、春が過ぎ、夏になってもクラスが落ち着かず、様子を見た園長から「3歳未満児とは違う」「なめられているんじゃないか」と言われました。

　副主任は「私がしっかり指導していないからかもしれない」「このままじゃ小学校に上げられない」と言い、「方針を変える」ことになりました。

　子どもたちが小学校で困らないように、最低限のしつけをすることを目標に入れました。集団生活で必要になる挨拶や時間、ルールを考えました。今までと違ったかたちであせるように声をかけることも増えました。ケンカをすれば、「ごめんなさいだよね？」「すぐに謝らないと伝わらないよ」「もう二度とぶっちゃだめ」「お友だちをぶったらお友だちになれないよ」などです。

　散歩に行くと、「お花はつんじゃだめ」「ふらふらしないで一列にピッ」「よそ見しないで前を向いて」「遅れたらみんな困っちゃう」などと声をかけます。給食のときには、「いただきますしてから」「ごちそうさまはまだだよ」「座って食べないとだめ」「ちゃんとお時間までに食べたら好きな遊び」などと声をかけます。「お口にチーっとチャッ

ク」「手はおひざにポン」「トントンまーえ」など、それまで使うことが
なかった「技」を使うことも増えました。

　Fは「何か違う」と思いながらも、何がおかしいのかを考える暇もな
く、言い出すこともできませんでした。F自身、見守るよりもきつい声
をかけたり、副主任と大声で言葉を交わすことが増えていきました。

　「先生の言うことを聞きなさい」と言ってしまったり、「お昼寝をし
ない子は遊べません」とおどすようになったり、「早く片づけないと
怒りますよ」と言って実際に怒ったこともありました。

　折り紙を使った製作の時間のこと。ドングリを作っていて、出来上
がった作品は、敬老の日に、交流のある高齢者施設に持参する予定
でした。運動会の練習の疲れもあり、子どもたちも「どうやるの？」
「こう？」「わかんない」「先生みて」など、集中できませんでした。そ
のたびに「ちゃんとみて」「もう一度だけだよ」などと教えますが、
「せんせいせんせい」と大声で連呼する子どももいて、折り紙を破っ
て投げつけて走り出す子どももいました。副主任は「何してるの」「こ
こに座っていて」と大きな声で叱り、「ちゃんとしないとおじいちゃ
んおばあちゃんが悲しい」「連れて行かないよ」などと言い、強い言
葉が止まらなくなりました。

　折り紙を破り捨てた男の子が泣き出し、副主任が大きな声を出そう
としたとき、女の子が立ち上がり、「パンチ」と声を上げました。見る
と、副主任に向けてパンチを突き出しています。Fは注意して座らせ
ようとすると、今度はFに向けてパンチをしました。Fはこのとき、今
まで感じていた違和感や不快感の正体がわかったような気がしまし
た。恥ずかしさや申し訳なさの感情がいっぱいになり、逃げ出したい
気持ちになりました。　　　　　　　　　　　　　　　　　　　　◉

考えてみよう

問①　子どもの立場だったら、どのように感じ、今後どのようにしてほしいですか。

問②　保護者の立場だったら、どのように感じ、今後どのようにしてほしいですか。

問③　園長の立場だったら、どのように考え、今後どのように解決していきますか。

問④　子どもとハラスメントの関係をどのように考え、今後どのような保育をしていきますか。

自分の価値観や保育観を押し付けない

　保育者は、どんなにすばらしい経験を重ねても、その子にとってはいつも初めての「1年生」です。子どもや保護者から「先生」といわれますが、一生懸命になったり必死になるほど、思わぬところで力関係を行使することにもなりかねません。先生に必要なことは、子どもの傍らや後ろ姿から学ぶことができる「真摯さ」です。園や保育者ごとの価値観、子育て観、保育観で先に子どもの姿を見立てて押し付けることではありません。

　事例では、Fが子どもにとって不快なラベリングをしていたことに気づきました（163頁参照）。自分だけではどうしてよいかわからず「困っている子」には、寄り添い続けました。そして、「好奇心旺盛で

瞬発力のある子ども」など、自分が子どもの立場でも嫌な気分にならないラベルに貼り変えていきました。気になる点を気にならないようにしようとするのはその後となりました。また、子どもたちを「害」さないようになるべくゆとりのある計画で、言葉や態度などを振り返りながら初心に返って一緒に過ごしました。大きな声も強い力も必要ありませんでした。

　子どもは大人の想像の範囲に収まらない、面白くて不思議な存在です。その面白さを一緒に楽しんだり喜んだり、ときに通訳して伝え合う力が保育者のもつ強みの一つです。

　安全面などから、緊張感をもってしかる場面もありますが、多くは子どもの言動が保育者の想像力や許容量を超えたことで、その差異やストレスが圧力となってあふれ出て、子どもに直接直下します（127頁参照）。

　また、子どもの世界観に場当たり的に「順番」をつけて強制することも起こりやすいです。想定していた思いどおりにならないと「連れていかない」など罰を与えようとしたり、「好きな遊び」と対価を与えようとします（128頁参照）。先に強引なレールを敷かれると、子どもは自分がとった行動でよい感情の状態を味わうことができず、次の意欲が生まれにくくなり、いわゆる問題行動となって現れやすくなります。何よりも、保育者自身が強みを活かした保育をしにくくなり、誤った一時的な快感を覚えたり、居心地が悪く不快な環境にしてしまいます（130頁参照）。

保育者は子どもの代弁者

　子どもは自分の気持ちを大人が使う言葉で表現できることばかりではありません。例えば「先生みて」の一言にも、いろいろな言葉が

込められています。だからこそ、代弁者としての保育者がいます。主体は子どもにあり、保育者はサポーターととらえ直しました。保育者が「先生の言うことを聞きなさい」と優越的な立場に立ち、「お昼寝をしない子は遊べません」などと指導したり、「早く片づけないと怒りますよ」と保育環境を不快なものとする必要はないとあらためて気づきました。

　自分の気持ちを受け止めてもらい、気持ちの整理ができると、大切な人の気持ちにも気づくことができます。大切な人を笑顔にする力があることがわかると、相手に喜んでもらえる行動をするでしょう。

　保育者による押し付けというしつけでは、その場を取り繕うことはできても、好奇心や探究心、想像力といった非認知能力が後回しになります。子どもには「グッドサイクル」となるように気持ちをキャッチボールしながらかかわり合うことが大切です（20・166頁参照）。

リフレーミングを繰り返し、実践に還元する

　園では、園長を交えて保育方針を見直し、子どもたちにとって快適な保育環境で思い思いに羽ばたく姿を応援するために必要な保育をすることになりました。

　そこで、クラスの目標に「愛情のタンクを満タンにして卒園すること」を加えました。ノンコンタクトタイムでは、書類を書く量や時間を決めて、見栄えをあまり気にしないことにしました。そうして捻出した時間では、感情のリフレーミングや快から快へのリフレーミングの練習を毎日繰り返したのです（159頁参照）。

　保育場面では、掃除係に扮したメンターが定期的に入り、子どもの表情を観察しました。園のハラスメント相談窓口には、子どもに関するハラスメントを加えました。思考停止に陥らずに「小話」ができる

よう、インフォーマル・グループとなる「お茶会」を不定期に計画的に開催するようにしました（144頁参照）。

保育者と子どもの変化

　保育現場では、保育者が日常的に使っていた「おつかれさま」の言葉かけを、「今日もありがとう」「また明日」などに置き換えるなど、一つひとつの言動を見直すことから始めました。「遅刻しないでね」「遅れないでね」といった否定語を含む表現も「間に合うようにきてね」「時間どおりでいいよ」と肯定語を含む表現すると、失敗を想定することが少なくなりました。「疲れたね」「嫌だな」といった共感は、「よくがんばったね」「こうだとうれしいな」という快の感情を伴う共感に変化しました（156頁参照）。

　保護者の送迎時に何気なく使っていた「バイバイ」「おつかれさまです」は「いってらっしゃい」「おかえりなさい」に変わりました。保育者の「ねばならない」「べきではない」といった無意識のうちに正当化していたエネルギーも使わなくてよくなっていき、「心理的にやさしくなった」のです。

　保育者に「子どもたちがこうなったら面白そう」「こうやってみたい」といった前向きな思考が生まれ、笑顔や柔らかさが戻りました。

　子どもたちはお兄さん・お姉さんの顔を見せるようになり、最後は「先生ありがとう」とそれぞれの言葉で表現して、うれしそうな姿で卒園したのです。

SNSによる
保護者からの
ハラスメント

　2歳児クラスのある保護者Gは、30代前半のシステムエンジニアの女性です。施設見学での園長の「保護者の方が溌溂とお仕事できるよう、私たちも溌溂と保育をしています」「私たちが元気でいることが子どもには一番」「一緒に子どもの成長を楽しみましょう」という言葉で入園を決めました。入園当初こそ、大泣きして暴れる子どもの様子にGも戸惑っていましたが、「あとは任せていい」とわかると、安心したように子どもを預けて会社に向かいました。

　20代後半の保育者Hは、気軽に話しやすいという定評があります。毎日慌ただしく送り迎えをする保護者に対して、「まじですかお母さん」「今日は超気合入ってますね」「女子力高くて憧れます」など気さくに声をかけていました。一方で、「着替えはいつになったら自分でできるようになるのか」「トイレトレーニングはまだやらないのか」「炭水化物ばかりで偏食が多い」「左利きにしてほしい」「紫外線対策をしていない」「虫刺されが多い」「かみつきやひっかきは損害賠償に入っているのか」「いつも一人で寂しそうだ」などの質問や要望が出ていましたが、「普通は」「そんなはずはない」などと返していました。フリーで入っていた副主任や遅番の保育者がフォローしていました。

　Gは残業のため、お迎えが20時を過ぎることもありました。ある時、Gの子どもが着てきたお気に入りのシャツがなくなり、帰り際に園内を探し回ることがありました。シャツには名前が書かれておらず、発見が遅れたのです。

　今までも「しっかり名前を書いてきてください」とお願いをしていましたが、書かれていないことがありました。理由を聞くと、「いいものは

ネットでリサイクルしている」「名前を書くと売れなくて捨てるしかない」ということでした。副主任の「外から見えないように、品質表示のタグに書いてください」という強い口調での依頼に対しては、「メーカーがわからなくなる」と断られました。「なくなって困るものはもう持ってこないでください」と強調してお願いをし、その場は終わりました。

　求職者や関係者への情報公開をかねて、園では給食や行事などの様子をSNSのグループに公開していました。つながっている保護者の個人ページも見られます。Hが何気なくのぞいてみると、「靴下またなくなった(怒)」「ぬいぐるみもって行きたがって泣かれる(泣)」「家でよく泣いて園でいじめられてるっぽい。私も泣きたい」「私は親失格だけど担当の保育者も失格」「連絡帳は上から目線でくる事務連絡帳」「誤字多くて小学生かって笑けてくる」「保育園うかった。でもムリ」など、悲観的な言葉での投稿がありました。

　園では見られなかった保護者の声でした。「毒親って言われちゃうよ(笑)」「人質いるしムリ」という保護者同士のコメントに対して、Hは動揺して「いいね」を押して、慌てて取り消しました。

　あるときHは、自宅近くのコーヒーショップで学生時代の仲間とお茶をして、保護者のSNSや日頃の園の様子を相談していました。その様子を園の保護者が見ていて、やりとりの様子がSNSで投稿されていたのです。SNSを見た他の保護者からは「私がクビにします」というコメントもありました。「ひどい」「非常識」「それヤバいでしょう」「ありえない」などのコメントもあり、またたく間に拡散していったのです。　🚫

問①　保護者の立場だったら、
　　　どのようにしてほしいですか。

問②　保育者の立場だったら、
　　　今後どのようにしたいですか。

問③　園長の立場だったら、
　　　どのように解決していきますか。

問④　SNSや個人情報の取り扱いをどのように
　　　定め、どのように活用しますか。

SNSを通じたコミュニケーションの盲点

　インターネットを通じたオンラインでコミュニケーションが行われることが増えてきました。SNSはいつでもどこでも誰とでも容易につながることができ、幅広く活用されています。簡単で便利な反面、一方向性の高いコミュニケーションツールです。

　コミュニケーションは非言語の比重が大きいです。言葉だけではなく、五感等から大量の情報を受信して、情報を発信しています。SNSはその補助です。職員同士の連絡や指示にSNSの機能を使う園もありますが、私生活でも簡単につながることがあり注意が必要です。ソーシャルハラスメント（通称：ソーハラ）と呼ばれるように、業務時間外でも返信や反応を求めたり、不用意に個人情報をさらして「デ

ジタルタトゥー」を残すことは、利用ルールを設けて防ぐ必要があります。

　保育士には、児童福祉法第18条に守秘義務違反（1年以下の懲役又は50万円以下の罰金）が明記されているなど、「うっかり漏洩」の予防は今まで以上に徹底する必要があります。事例のHは保護者からの信頼もあり、園の次世代を期待される保育者でした。しかし、保護者を受容し共感した上での対応やリクエストだったかどうか、保護者に対するハラスメントになる言動がなかったかなど、反省すべき点もあります。園としても「お願い」が表面的で一方的なものとなり、保護者の「苦しさ」に寄り添えず、SNSで表面化した面もあるでしょう。

ペーシングとミラーリングのコンビネーション

　利用者という立場で、園の利用上の範囲を超えて、強い主張や不適切な言動をすることが園の環境を悪化させることがあります。理不尽な要求の背景には、理不尽な原因が混在していることがあります。

　事例の場合、特定された原因への対策という直接的因果論だけで考えず、円環的認識論で考えてみましょう（183頁参照）。クレームや苦情の対応に留まらず関係がこじれた場合は、原因探しをするのではなく、一刻も早く現状回復を図り、二次的なセカンドハラスメントなどを広げないように解決・解消を急ぐ必要があります。

　園と保護者は利害関係が相反する関係ではなく、協同するパートナーです。ですから、園から歩み寄って介入し仲裁します。その際は、双方の言い分を聞いて気持ちを引き出せる第三者が望ましいです。和解にあたって「撤回」（謝罪等）すべきことは丁寧に撤回します。悪循環を止めることが目的なので、謝罪をつらく思い込む必要はありません。

技術論で乗り越えられるように、「ペーシングとミラーリングのコンビネーション」を活用します（176頁参照）。「いつも一人で寂しそうだ」など言動に含まれた悲しさを拾って反射します。うれしさは「忙しいなかでもこんなに心配してくれていたんですね」などと、園や保育者から伝えます。不快な流れの加速をゆるめてお互いに立ち止まることができるかどうかがポイントです。

　子育てのパートナーである園と保護者ですが、中心にいるのは「子ども」です。保護者が苦しんでいた理由を子どもを中心に置いて考えて、「好きなものはおいしそうに食べるんですよ」などと、保護者の安心や喜びとなる言葉かけや働きかけを繰り返し継続しましょう。

スタートラインの再設定

　課題をもとにスタートラインを再設定します。園で立てた是正案は、次の項目です。保護者の理解・協力を得ながら一緒に進めていきたいことを表明し、定期的に園の評価をもらうこととしました。

　①保育者としての適切なあいさつや言動の習得（情緒的サポート）…語彙力・対話力のトレーニング、ストロークやリフレーミングなど快の感情となる言葉かけの訓練をする。

　②対面のコミュニケーションを主に子どもの様子を説明（情報的サポート）…うれしかったエピソードを保護者に伝える。保護者にも尋ねる。アサーティブなリクエストを学ぶ。調理師・看護師・嘱託医や職務分野別リーダー等から、園だよりを通じた情報提供を行う。

　③園内外に「よろず小言相談窓口」を設置（道具的サポート）…保育者と保護者共通のSNS利用規程・個人情報保護規程・ハラスメント規程の整備、説明会・交流会の開催、アンケートの集計・分析、フィードバック個別面談を実施する。

職場が変わる
ワーク集

安定した風通しのよい職場風土の醸成

　パワーハラスメント防止のための指針（厚生労働省）では、職場における パワーハラスメントの原因や背景となる要因を解消するために、①個人のコミュニケーション能力の向上を図ること、②適正な指示や指導を踏まえて真摯に業務を遂行する意識をもつことに留意しながら、事業主は次のような取り組みや研修を行うことで、風通しのよいお互いに助け合える職場環境を作ることが期待されています。以下は、同指針で示されている職場環境の改善のコツです。

① 日常的なコミュニケーション

② 定期的に面談やミーティング

③ 感情をコントロールする手法に関する研修

④ コミュニケーションスキルアップに関する研修

⑤ マネジメントや指導に関する研修

　また、園長（事業主）やハラスメントの相談窓口の担当者に対する研修として、一次・二次予防に必要な配慮、職員が相談ができないでいるおそれのある場合の連携や措置、職員から相談を実際に受けた場合の適切な対応などに関する専門的な事項に関する研修は、別に実施することが必要です（36・120頁参照）。

　そして、適正な業務目標の設定、適正な業務体制の整備、業務の効率化による過剰な長時間労働の是正等を通じて、過度な肉体的・精神的ストレスを強いる組織風土を改善することが有効としています。例えば、園内の衛生委員会（労働安全衛生法第18条）や園外の専門家や専門機関等を活用して、アンケートや意見交換等を定期的に実施するのもその一つです。

　一つひとつは当たり前だと感じるかもしれませんが、何となくやっているからよしとすると、ハラスメントの芽が見過ごされて、安定した風通しのよい職場風土が醸成されません。ハラスメントの背景には、感情を伴うコミュニケーションの希薄化があります。

そこで、ハラスメントを予防して、お互いを受け止め長所を活かす心理的多様性を備えるため、「かかわり方の練習」となるワーク（ルーティン）を実施することをおススメします。研修計画表などに組み込んで実践すると、職場の空気や職員の表情が変わります。ハラスメントは、お互いの関係性はもとより、個々の感じ方やとらえ方、考え方に影響を受けます。心理的多様性を知り、関心をもち、楽しみながら安心してかかわり、気づきや学び得る定期的な「場」（トポス）の設定が必要です。

「快」から「不快」な要素に気づいて改善する

ハラスメントに関する一般的な研修では、被害者や加害者といった「ターゲット」がイメージされやすく、被害者に嫌な思いをさせる「セカンドハラスメント」、当事者以外を巻き込んで被害を広げる「サードハラスメント」、加害者を一方的に辱しめる「アタックハラスメント」になるおそれがあります。

そのため、うれしさやたのしさなどの「快」を感じる研修を実施することで、興味・関心をもって「不快」な要素に気づいて振り返り、行動に移せる改良案を考える研修が望ましいです。

ここでは、一例としてハラスメントの予防に効果があり、気軽に全職員に対して取り組みやすいワークの一部を紹介しています。気になったワークから取り組んでみてください。ミスの指摘やコミュニケーションのズレが小さなうちに処置しやすくなり、違和感や不快感を解消しやすくなります。人間関係や感情に関するトレーニングなので、繰り返すことで「かかわりの質」「対話の質」が磨かれ、職場が変わります。無理なく自然に「コミュニケーションの専門性」を強化していきましょう。　　◉

君の名前は 所要時間5分

同じ園でもみんなが「せんせい」「せんせい」と呼び合っていたり、名前を正しく知らない職員がいるなど、同僚の中でも呼んだことのない名前があるでしょう。名前を意識して呼ぶと、相手の存在を意識することができます。名前は反復して口に出すことによって覚えることができ、「それぞれ個性がある」「その人らしさ」を大切にしたコミュニケーションの第一歩を磨くことにつながります（9頁参照）。

ねらい
・名前を呼ぶことで相手の存在を認知し、人間関係からの切り離しを予防し、関心をもってから自分の用件などを話すことができる（54頁参照）
・自分が親しみをもって呼んでいても、相手が望まない呼び方を避けることができる
・呼ばれてうれしい呼び方を反復し丁寧に呼べるようにする

方法
① 2～6人程度のグループになり、フルネームを確認しておきます。
② 1人は、次のような流れで呼び方を選択し、相手を呼びます。
・日常会話…「先生」「せんせえ」「センセ」
・忙しいとき…「ねえ」「あのう」「ちょっと」「きみ」「あなた」
・他人事…「おい」「おまえ」「おたく」「そちら」「あんた」
・丁寧語…「フルネーム＋さん」「苗字＋さん」「名前＋さん」
・理想…「相手が今呼んでほしい名前やあだ名」
③ 呼ばれた人は「はい」という返事で、うれしい呼び方かうれしくない呼び方かを表現してください。
④ 丁寧語まで終わったら、呼ばれて一番うれしかった呼び方など感想を一言話します。そして、本当は呼ばれてみたい呼び方や今後呼んでほしい呼び方を、ペアやグループに教えてください。
⑤ 最後に、その呼び方で一人ずつ丁寧に相手を呼びます。対象者は呼び声にあわせて「はい」の返事を返します。理想の呼び方は、不快に感じる人がいなければ、今後も継続して呼べるように覚えます。

応用
・呼ばれてうれしい「ニックネーム」「愛称」は、「使う場所」を選んで使いましょう。
・子どもの頃呼ばれてうれしかった名前を聞いて、その人の歴史を感じましょう。

だいじょうぶだよ○○先生 所要時間5分

何か行動をしないといけないときに適切な行動ができないのは、心にブレーキ
がかかっているためです。そのブレーキは人それぞれですが、まずはブレーキ
をゆるめることを考えましょう。実際は大丈夫ではないことも、まずは「大丈夫」
と声をかけることが大切です。

ねらい
・自分や相手の心のブレーキを緩和し、適切な言動がとれる環境（心理的安全性）
を作る（67・187頁参照）
・相手を許せる気持ちが挑戦や継続につながることを知る
・間違いや失敗に対する許容度を高め、一方的で強い否定語や命令語を予防する

方　法
① 心配事や不安に思っていることを1つ書き留めます。
② ①で書き留めたことを発表し、グループのメンバーから「〜でも大丈夫だよ」
「〜しても大丈夫」などと声をかけてもらいます。2人のペアでやるときは3回
繰り返して丁寧に言います。3人以上のグループの場合は、一人ずつ丁寧に1
回言います。

応　用
・楽で快適な「コンフォートゾーン」から抜け出るときは、一歩先の目標を一緒に考
えます。

あいこじゃんけん 所要時間5分

普段のジャンケンでは「勝ち負け」を決めることを目的にしていますが、「じゃんけん実習」では「あいこ」になることを目的とします。どうすればあいこになるかを考えながら対話をし、気持ちよく喜べるワークにしましょう（20頁参照）。

ねらい
- 勝者と敗者を決める無意識を緩和し、あいこを一緒に喜び合える感覚を養う
- 対話をして相手と気持ちを合わせるプロセス（グッドサイクル）を学ぶ
- 目的に向けて話し合う大切さや必要性を実感し、お互いさまの気持ちに気づく

方法
① 2人1組でペアになります（3人以上でもできます）。
② 1分間など時間を決めてじゃんけんをし、あいこになった数を数えます（1回目）。あいこになった際はハイファイブ（ハイタッチ。またはエア・ハイタッチ）をします。
③ 話し合いの時間を30秒間とり、出す順番や段取りを見直すなど、あいこになるための方法を考えます。
④ 30秒間じゃんけんをします（2回目）。1回目よりもあいこの回数が増えたら喜び合いましょう。

応用
- 人数を増やすとより話し合いが大切になり、ダイナミックな効果が生まれます。
- 目的を設定して業務フローの見直しをする際、業務改善のヒントにすることができます。

カチカンが違う 所要時間10分

思いや好き嫌いなどの価値観を話すとき、何かと比べて（相対評価）相手の嫌いなところや嫌なところを探したり強調することがあります。そうではなく、好きなところや良いところは好きと、自分の思いで（絶対評価）話せるようになりましょう。練習を重ねると、良いところが見えて気づきが得られたり、気持ちの良いコミュニケーションができるようになります。

ねらい
・相手の「価値観」は聞かないとわからないことを知る（偏見→思い込み→固定観念）
・自分の「価値観」は話さないと伝わらないことを知る（暗黙知→形式知）
・「好き」を上手に伝える練習を重ねて「快の価値観」を表現できるようにする
・「嫌い」の正体を把握して認知のバイアス（ゆがみ）を緩和し、好きなところに気づく
・「マイクロウィル」による思い込みを予防し、あるがままを受け取る（11頁参照）

方　法
① 2人1組になります（2人以上のグループでもできます）。
② AとBはどっちが好きか考えます（和菓子と洋菓子、ふとんとベッド、アジアと欧米、電子書籍と紙書籍など）。
③ 紙に「答え」を書いて「あてっこ」します（あなたはAだと思う、なぜなら～など）。
④ 自分の「答え」を「理由」とともに話します（私はBです。なぜならAは～、Bは～など）。

応　用
・「コーチング技術」の導入練習に用いることもできます。
聞き役の例…「どちらが好きですか？」「それはなぜですか？」「どんな気持ちになりますか？」「他にどんなところが好きですか？」「こっちはどんなところが好きですか？」「こんないいところもあるみたいですよ」「それはどう思いますか」「勉強になりました」など

カンシン帳簿づくり

所要時間15分

園には労働基準法に基づく「労働者名簿」という職員に関する法定帳簿があります が、これはプライバシーにかかわり、コミュニケーションに役立つ身近な情報は得にくいです。「相手のことに関心をもって接する」といっても、声をかけるのを遠慮することもあるでしょう。「相手の関心事に関心をもつ」と、コミュニケーションは円滑になります。お互いの関心事を確認しておくと、相手に親近感を抱きます。

ねらい
・自分や相手の関心事に関心をもつ感覚を磨く（無条件の肯定的関心）
・自分や相手の関心があることでかかわり、共感的に理解し合う感覚を磨く（共感的理解）
・相談しにくいことでも相談しやすい関係になる（関係の質）
・「トキシック・リーダーシップ」を予防し、協働的なリーダーになる（63頁参照）

方　法
① みんなに聞きたい質問を1項目考えて出します（1年で一番好きな日など）。
② 他のメンバーにも、みんなに聞きたい質問を1項目教えてもらいます（好きな食べ物など）。
③ 人数分の質問に対する回答を書き出します（6人ならば6人分の質問と回答を6枚書く）。

応　用
・相手の興味・関心は変わることがあるので、適宜更新します。
・保護者会で子どもの興味・関心や言動に関して作成してもいいでしょう。

いいとこモニタリング

所要時間5分

モニタリングするのは、「できたこと」という事実です。できなかったことや結果が出なかったことではありません。「虫の目」でモニタリングすれば、例えば「忘れものがなかったこと」は「できたこと」です。「鳥の目」でモニタリングすれば、例えば「昨日のうちに持ち物を確認していたこと」は「できたこと」です。できなかったことを探して穴埋めするのではなく、できたことを探して伸ばすことの延長で補い、うれしい結果を出しましょう。

ねらい
・「快のモニタリング」によりやりがいや達成感という喜びを味わう（43頁参照）
・貢献意欲・承認欲求を満たすことで帰属意識が芽生え、主体的なチームプレーが生まれる
・労働の対価である「労い」や「労り」を職員間で交換し、快の感情で快適な職場にする

方　法
① 2人1組になります。
② 自分が教える、相手が「できたこと」を1分間ずつ交互に伝えます。相手の表情がゆるんだり笑顔になれば、プリサイスプレイス（70頁参照）が入れられたと判断して、モニタリング終了です。
③ グループのメンバーをモニタリングします。グループメンバーの「できたこと」を1人ずつ伝えます。1日の中でいいとこをモニタリングし、1回はプリサイスプレイスを入れます。全員に対してプリサイスプレイスができたら、今日のいいとこモニタリングを終了します。

応　用
・「がんばってほしい」と思うときは「がんばったこと」でいいとこモニタリングをしましょう。
・いいとこモニタリングをされる機会が少なく孤軍奮闘なのは、園長や役職者です。ハードルを下げたり、「ありがたいこと」でいいとこモニタリングをしましょう。

後ろ向きリーダーシップ　所要時間10分

自分のよいところや弱いところがわかると、魅力の出し方や弱点の補い方がモニタリングしやすくなります。「快のラベリング」（163頁参照）の練習にもなり、自分にも相手にもよいラベルが貼れると、お互いに気持ちよく主体的で協力的になります。

ねらい
- 自分の魅力を他者の視点で再発見することで、魅力の活用や強化ができる
- 自分の弱点を他者の視点でとらえ直すことで、弱点の補い方を踏まえた課題が設定できる
- 相手の魅力や弱点を適切に理解することで、受け止め方やかかわり方のヒントを得る
- 一人ひとりが「ロードバランサー」になる（22頁参照）

方　法
① 1人につき2枚付箋を用意し、1枚目に自分の魅力や長所だと思うところを1つ書きます。
②①で書いた付箋を、自分の背中に「相手に見えないように後ろ向きに」貼ります。
③ 他のメンバーは、書かれた内容を当てるように答えを言います。
④ 本人は、言われた言葉を書き留めて、答えを伝える際に感想を言います。
⑤ 残りの1枚の付箋には、自分の弱点や不得手なことを1つ書き、他のメンバーに公開します（自己開示）。
⑥ 他のメンバーは、違う見方やとらえ方ができないか「快のラベリング」をします。
⑦ 本人は言われた言葉を書き留めて、特にうれしかったラベルについて、理由と合わせて話します。

応　用
- 強みを強化し弱みを克服するためには、同じ言葉になっても定期的に繰り返し行いましょう。
- 保護者や家族、友人などとやることを宿題にしても面白いです。
- 相手の人格や性格にかかわる話をする前に行うと効果的です。

北風と太陽 所要時間10分

イソップ寓話の「北風と太陽」の話を思い出してみましょう。旅人の服を1枚脱がせることが目的でした。「ビューッ!」「ビュビューッ!」と思い切り強く繰り返す北風の指導では、旅人はさらに服を着こんでしまいました。「ぽかぽか」「じりじり」と暑く強く繰り返す太陽の指導では、旅人は服を全部脱いで川に入りました。どうしたらよい結果につなげることができたのでしょうか。

ねらい
・指導の目的を見直して、相手に合わせた適切な指導の方法を振り返る
・連携してチームで効果的に指導する方法を探す
・適切な指導は、相手の状態を確認して、思いや考えを聞かないとできないことに気づく
・「オブジェクト指向コミュニケーション」を考える(23頁参照)

方　法
① 2人1組になり、北風役と太陽役を決めます(3人のチームの際は1人が旅人役)。
② この昔話の感想や学べることを話し合い、どうしたら指導役の独りよがりではなく、旅人の目的に近づき、旅人の成長につながるかを考えます。
③ チームで一緒にできる指導や支援のあり方を考えます。

応　用
・旅人役を置いて、相手の自発的な気づきや行動を促す「コーチング」を意識して指導します。
・旅人役の目的や指導役の願いに応じて、「ティーチング」が必要になる場面を考えてみましょう。例えば、目的に対して時間や環境や安全などに制約がある場合は、「教える」ことも必要です。

ほうれん草を使う 所要時間5分

報告・連絡・相談の中でも、一方的になりにくい「相談」をこまめに使いましょう。
伝えると伝わるは違います。報連相を片方に求めるだけではなく、見る・聞く・関
わる（目耳口）ことで報連相は完成します。

ねらい
- ・「報連相」の難しさと大切さに気づき、相手を責めずに自分を振り返る（指示された側）
- ・「目耳口」の大切さに気づき、相手を責めずに自分を振り返る（指示する側）
- ・お互いに確認することで理解できると理解する（双方向的コミュニケーション）
- ・目的を共有することで誤差を最小限にできることを理解する（協同的コミュニケーション）
- ・「トリクルダウン」を予防して、好循環を作る（61頁参照）

方 法
① グループでも2人1組でもできます。1人がわかりやすい・答えやすい指示を想定し、指示を出します（例：草を1本書いてください）。他のメンバーは指示に従って進めます。
② 想定していた成果物とできたものを見比べます。なぜそうなったのか、どうしたらよかったのかを話し合いましょう。

応 用
・記号や図形やマークなどでもできます。「まず〜を書いてください」「次に〜を書いてください」「最後に〜を書いてください」など指示を出して、確認し合いましょう。順番に一人ずつ指示役をやってみます。

あいさつの練習

所要時間10分

誰もが「あいさつは大切」と知っていますが、お互いに気持ちのよいあいさつを意識して実践・指導するのは意外と難しいものです。あいさつが「快適な職場」と「不快な職場」を左右します。何度も繰り返して練習することで、快適な職場の足場づくりとしましょう。

ねらい
- 嫌な感じ（不快）と良い感じ（快）を心で感じて行動する（ストローク・150頁参照）
- 日々のあいさつの中で、相手の存在を割り引かないよう意識する（ディスカウント・148頁参照）
- 自身や相手の状態を整える力を養う（ニュートラルポジション。47・144頁参照）
- 日頃から「キャリア・キラー」を予防する（17頁参照）

方　法
① 2～6人程度のグループになります。
②「おはようございます」など、一人の職員が同じ調子のあいさつを4回行います。残りの職員は受け手になり、以下の手順で返します。
- 1回目　「ボソボソ」（力なく）とあいさつを返す
- 2回目　「ノーアイコンタクト」（目も合わせない）であいさつを返す
- 3回目　「ノーコンタクト」（無視）
- 4回目　「普段のあいさつ」で返す
③ あいさつを4回返された職員が感想を一言伝えた後、次の職員も同じことを繰り返します。全員があいさつを終えたら終了です。

応　用
- 「おはよう」「こんにちは」「おつかれさま」など、他のあいさつや返事でも可能です。
- 「不快（快）」が繰り返されたとき、どのような状態になるか考えてみましょう。

ワーク 11 OKトランプ 所要時間15分

自分や相手がうれしくなるOKな言葉は、やる気や元気など心の栄養素になります。遊びを通じて意識して練習することで、本番では自分や相手が求めている言葉をイメージどおりに無意識に出しやすくします（67頁参照）。

ねらい
・自分や相手の存在を適切に認める働きかけを意識して強化することで、快の感情を管理する
・自分の気分や機嫌、人間関係、職場の温度感や風通しを快適に調整する技術を養う
・ストロークを上手に出したり受けたりすることで、自己肯定感を回復・向上させる

方法
① 付箋を1人4枚使います。のり面をくっつけてお札（OKカード）にして、言われたらうれしい言葉（A、B）を2つ考え、A、A、B、Bと1枚ずつ書きます。
② OKカードの片面にうれしい言葉を1つずつ書きます。メンバーの一人は、1枚だけ「お札」を別に作り、「ドーン！！！」と書きます。
③ メンバー全員のOKカードを山にしてシャッフルし、一枚ずつ配ります。ここからは「ババ抜き」に似ています。違う点は、1ペア揃ったら声に出して山に置くことです。相手にOKカードを引かれるときは、引かれた人が持っていたOKカードに書かれたストロークを声に出して相手に送り出します。「ドーンカード」はジョーカーの役割を果たします。「ドーンカード」を引かれた場合は、相手に「ドーン！」と言います。最後に「ドーンカード」を持っていた人は、メンバーから「ドーン！！！」と言われて終了です。

応用
・「OKカード」は時間に合わせて減らしても増やしてもいいです。厚手の裏紙でも作れます。
・「OKトランプ」が終わったあとは「OKカード」は捨てずに職場で共有する方法を考えます。例えば、職場で奨励される使いたい言葉としてハラスメント規程などに定めていきましょう。
・慣れてきたら、やさしい口調でおだやかに笑顔で言うなど「非言語のストローク」も丁寧に贈りましょう。

生き物会議 　所要時間15分

生き物会議では、普段気づかなかった生き物の魅力に気づき合い、生き物同士が共存できる方法を考えます。自分目線の固定観念や苦手意識を緩和し、他者を少しだけ許せたり好きになれるようになりましょう。

ねらい
・「嫌い」「苦手」と否定してしまう固定観念に気づき心理的多様性を感じる（9頁参照）
・相手の存在に関心をもって共感することで、建設的なフィードバックができるようになる
・自分の存在に関心をもって表現することで、自己開示できるようになる

方法
① 苦手だったり嫌いに思ったことのある生き物を付箋に書き、見えないように折りたたみます。
② 全員の附箋をシャッフルし、付箋を1つを選びます。全員がその生き物になりきります（ロールプレイ）。自己紹介をして、魅力や悩みを確認します。
③ 話し手と聞き手は「私は」を主語としたアイメッセージで話をします。
（話し手）
「私は〜と申します」「私の魅力は〜です」「私の悩みは〜です」など
（聞き手）
「無条件の肯定的関心」「さしすせそのストロークを意識した共感的理解」「建設的フィードバック」（64・150・191頁参照）

応用
・生き物会議の延長で、テーマを決めて職員会議を行うと、いつもと違った発想が生まれます。
・好きな生き物や自分の干支などでやるときは、より意識して魅力や悩みを自己開示します。
・さ行以外の行のストロークを考えてから実施するとストロークの練習になります。

腰痛体操第2 　所要時間5分

身体を動かす仕事ゆえ、保育者の多くは身体の痛みを抱えているといいます。痛みは不快な気分を引き起こし、気持ちに余裕がなくなり、相手に当たりやすくなります。腰痛体操は「職場における腰痛予防対策指針」(厚生労働省) などでも推奨されています。プリサイスプレイスの感覚を養うためにも有効です。

ねらい
- ・日頃から柔軟性を意識し、負荷がかかったときに備える
- ・もう一歩で手が届きそうな感覚と、的確にプリサイスプレイスを入れる感覚を養う
- ・すぐにできる多種多様な体操を職場に取り入れることで、腰痛を予防する
- ・行動の好循環プロセスを考える (130頁参照)

方法
① 2人でペアになります。一人が診察者になり、もう一人が被験者になります。
② 被験者は肩幅ほどに足を広げ、両手を横に伸ばします。その状態で、無理のない範囲で腰を右に回転させます。
③ 診察者は、右手が自然に伸びた場所を計測します。
④ 再度腰を回転させ右手を伸ばし、診察者は被験者の表情を見ながら「あと1cmどうですか」「ここまではどうですか」「力をぬいて」などと声をかけます。
⑤ 1回目よりも伸びていたら「できた」「がんばった」と伝えます。伸びなくても、事実を伝えます。両手が終わったら交代します。

応用
- ・他の部位やポーズでもできます。会議や研修の前後や休憩時間に取り入れてみましょう。
- ・期待や希望をもって1cmずつやると効果的です。

ワーク 14 右向け右＆右回れ右で進め

身体を使ったワークです。保育者にとって、言葉づかいだけでなく、基本動作や所作も大切です。無意識かつ反射的にできるようにしておきましょう。一度覚えたことでも、教えること（ティーチング）は大切です。反復して刷り込ませ（インプリンティング）、丁寧に学び直し（リカレント）をしましょう。

ねらい
- 基本動作や所作の難しさと大切さに気づき、繰り返し定期的に学ぶ意味を考える
- 非言語コミュニケーションのバラつきを可視化し、息を合わせて整える意味を考える
- 基本動作や所作ができる気持ちよさを感じ、非言語表現に活かす
- 見守りながら聞く姿勢を学ぶ（66頁参照）

方　法
① 2人1組になります（グループでも可）。
② 1人が指導官になり、「右向け右」「右回れ右」と言い、2人でその指示に従います。
③ 2人が揃ってできるようになったら、グループでもやってみましょう。

応　用
- 「気をつけ」「礼」「休め」「行進進め」「止まれ」などと組み合わせると、気持ちの良い流れが生まれます。他にもよい動作が見つかれば、コンピテンシーモデル（すぐれた行動の型）にしてみましょう。

おわりに

　私には夢があります。それは、社会がお互いに「OK-OK」の関係となる「OK牧場」になっていくことです。その立役者でありお手本である支援者が保育者であり、子どもにとってOK牧場を保障し、OK牧場が保育所であってほしいという願いです。さまざまな人たちが、子どもの存在を幸せに感じてかかわる身近な専門家（こども家）になってほしいという願いです。

　各地の研修会で「メイとメイメイ」というぬいぐるみを登場させ、「ヒツジーランド」（OK牧場）を作りたいといった自己紹介をするのも、そのためです。最初はこっけいに思われる先生方も、思いや考えを交わし合ううちに、メイやメイメイと一緒に課題のワークを発表してくれます。

　保育者は生まれたての心を育てる特別な仕事です。うれしさを感じとり、うれしさを作ることができるすばらしい資質を兼ね備えています。保育者と子どもたちがいれば、どんな可能性も拓かれるでしょう。自分が保育者であることを忘れてしまうこともあるかもしれませんが、その特別な能力を磨き、特別な瞬間を楽しんでください。

　皆さまが直面する世界は、ありがたさやすばらしさの狭間で、苦悩や葛藤にあふれたせめぎ合いの連続かもしれません。責任感と責任感、使命感と使命感、価値観と価値観、固定観念と固定観念などがぶつかったり、バランスをくずせば、ハラスメントも起こりえます。よさやうれし

さや面白さをかけ合い、ハラスメントがゆるやかになれば、保育が楽しくなります。

　本書は、生まれたばかりの０歳児の状態で、孤軍奮闘している園長や壁を感じている保育者、子どもたちと生きる保育者が待つ現実社会に旅立つことになりました。心配もたくさんありますが、保育者の皆さまの手で、過不足など受け止めていただきながら、一緒に長い時間をかけて育ててもらえれば、望外の喜びです。

　最前線で保育者として働くことはかないませんが、私はハラスメントがなくなるよう、保育者がずっと保育者でいられるよう、あらゆるかたちでがんばります。ときにはのんびりとゆったり、ぼんやりとした夢を感じながら、これからもOK牧場を目指して一緒に楽しんでいきましょう。

　最後になりましたが、未知のウイルス禍での動乱の中、変わらずそばで背中を押し続けてくれた中央法規出版の編集者・平林敦史さんとその手腕に特別な敬意を表します。天国でみてくれているだろう父、見守ってくれている母や家族、同僚、友人、保育関係者に特別な感謝を表します。これまで私にかかわってくれた人たち、皆さまがいなければこの本もありませんでした。ありがとうございました。

著者

●著者紹介

関山浩司（せきやま・こうじ）

社会保険労務士事務所「こどものそら舎」代表／一般社団法人
「こどものそら」代表理事。社会保険労務士・保育士。著書に『保
育士等キャリアアップ研修テキスト7 マネジメント第2版』（分
担執筆、中央法規。2020年）がある。品川区等の保育行政や保育団
体・保育施設等において保育者や施設長向けのハラスメントに
関する講演・研修の講師も務める。「ハラスメント予防士」など
保育者向けの養成講座を運営。

「知らなかった」じゃすまされない
ハラスメントを予防・解決する保育の職場づくり

2020年9月10日　発行

著者	………………	関山浩司
発行者	………………	荘村明彦
発行所	………………	中央法規出版株式会社
		〒110-0016　東京都台東区台東3-29-1 中央法規ビル
営業	………………	Tel 03(3834)5817　Fax 03(3837)8037
取次・書店担当	………	Tel 03(3834)5815　Fax 03(3837)8035
		https://www.chuohoki.co.jp/
印刷・製本	………………	株式会社ルナテック
装幀	………………	Boogie Design
イラスト	………………	大野舞

定価はカバーに表示してあります。
ISBN978-4-8058-8194-1